创新型高等职业教育精品教材

互联网+教育改革新理念教材

《思想道德与法治》
学习与实践指导

主编 黄 柯

主审 曾国俊

新华出版社

图书在版编目（CIP）数据

《思想道德与法治》学习与实践指导 / 黄柯主编
. -- 北京：新华出版社，2023.7
　ISBN 978-7-5166-6891-7

Ⅰ．①思… Ⅱ．①黄… Ⅲ．①思想修养－高等职业教育－教学参考资料②法律－中国－高等职业教育－教学参考资料 Ⅳ．①G641.6②D920.4

中国国家版本馆 CIP 数据核字(2023)第 124093 号

《思想道德与法治》学习与实践指导

主　　编：黄　柯	
责任编辑：林郁郁　李　珊	封面设计：北京金企鹅

出版发行：新华出版社	
地　　址：北京石景山区京原路 8 号	邮　　编：100040
网　　址：http://www.xinhuapub.com	
经　　销：新华书店、新华出版社天猫旗舰店、京东旗舰店及各大网店	
购书热线：010-62111051	中国新闻书店购书热线：010-63072012

照　　排：北京金企鹅
印　　刷：三河市祥达印刷包装有限公司

成品尺寸：170mm × 229mm	
印　　张：13.25	字　　数：231 千字
版　　次：2023 年 7 月第一版	印　　次：2023 年 7 月第一次印刷

书　　号：ISBN 978-7-5166-6891-7
定　　价：45.00 元

图书如有印装问题请与出版社联系调换：010-63073969

思想政治理论课承担着对大学生进行系统的马克思主义理论教育的任务，是巩固马克思主义在高校意识形态领域指导地位、坚持社会主义办学方向的重要阵地，是全面贯彻党的教育方针、落实立德树人根本任务的关键课程，也是加强和改进高校思想政治工作的灵魂课程。

"思想道德与法治"作为高职院校思想政治理论课的主要课程之一，以正确的世界观、人生观、价值观、道德观、法治观方面的教育为主要内容，并将社会主义核心价值观贯穿于教学的全过程，能够引导大学生深刻认识到坚定崇高理想信念的重要性，树立正确的人生观和价值观，增强尊法、学法、守法、用法的自觉性，从而成为德智体美劳全面发展的中国特色社会主义伟大事业的合格建设者和可靠接班人。

本书的内容与统编的《思想道德与法治》（2023年版）教材一一对应，结构系统、完整，旨在引导广大学生全面、准确地理解教材内容，帮助学生巩固所学知识，拓宽知识面。

具体来说，本书具有以下几个特色。

1. 立德树人，培育素养

党的二十大报告指出："育人的根本在于立德。"本书有机融入党的二十大精神，积极落实立德树人的根本任务，在系统地介绍正文知识的同时，将二十大报告的相关内容融入各类模块，能够有效地引导学生树立正确的人生观和价值观，促使学生在学习理论知识的基础上深入学习和领会党的二十大精神，增强法治意识，提升思想道德素养。

2. 内容全面，案例丰富

本书内容全面，系统地介绍了思想道德与法治相关的理论和观点，并选用了大量具有代表性的典型案例，以加深学生对所学知识的理解。

3. 理实结合，实用性强

本书围绕课程内容的要点和难点设计了形式丰富的实践活动，并强调活动内容的实用性，充分凸显了理论与实践相结合的特点，有利于学生真正地做到学以致用。

4. 模块丰富，趣味性强

为了增强教材的可读性与趣味性，本书各章均设有"学习引导""知识梳理""拍案说理""习题演练""实践课堂""视野拓展"六个模块，能有效地帮助学生理解教材内容，激发学生的学习兴趣。

学习引导：包括学习目标、学习重点和学习方法，能够帮助学生了解本章的内容概貌，引导学生有重点地进行学习。

知识梳理：对本章的理论知识进行梳理，能够帮助学生更快、更好地掌握相关知识。

拍案说理：选取榜样故事或经典案例，并进行简要评析，能够促使学生在学习理论知识的同时提高思想政治觉悟。

习题演练：设有单项选择题、多项选择题、简答题和分析题四种题型，考察内容覆盖了相应章节的重要知识点，方便学生随学随练，扎实地掌握课程内容。

实践课堂：设置了形式丰富的实践活动，能够让学生通过亲身实践，增强思想政治理论学习的获得感。

视野拓展：设有"精选阅读""推荐阅读""至理名言"等小模块，能够让学生从不同的角度进一步理解本章内容，拓宽学生的知识面。

5. 平台支撑，资源丰富

本书融入"互联网+"思想，在文中设置了微课二维码，读者可以借助手机或其他移动设备扫描二维码观看微课视频，也可登录文旌综合教育平台"文旌课堂"（www.wenjingketang.com）查看和下载本书配套资源，如项目检测答案、微课等。读者在学习过程中有任何疑问，都可以登录该平台寻求帮助。

此外，本书还提供了在线题库，支持"教学作业，一键发布"，教师只需通过微信或"文旌课堂"App扫描扉页二维码,即可迅速选题、一键发布、智能批改,并查看学生的作业分析报告,提高教学效率,增强教学体验。学生可在线完成作业,巩固所学知识,提高学习效率。

  本书由黄柯担任主编,曾国俊担任主审,吴鹏程、刘丹丹担任副主编。本书在编写过程中,参考了大量的资料并引用了部分文章。这些引用的资料大部分已获授权,但由于部分资料来自网络,我们未能确认出处,也暂时无法联系到原作者。对此,我们深表歉意,并欢迎原作者随时与我们联系,我们将按规定支付酬劳。

  由于编者水平有限,书中难免存在疏漏与不当之处,敬请广大读者批评指正。

第一章 领悟人生真谛 把握人生方向 1

学习引导 1
知识梳理 2
 一、人生观是对人生的总看法 2
 二、正确的人生观 3
 三、创造有意义的人生 4
拍案说理 5
 【案例1】 走街串巷的"钥匙医生"严正 5
 【案例2】 南丁格尔的追随者 7
习题演练 9
实践课堂 16
 实践一:"我的人生观"集体讨论活动 16
 实践二:"如何实现人生价值"调查活动 17
视野拓展 18
 一、精选阅读 18
 二、推荐阅读 28
 三、至理名言 28

第二章　追求远大理想　坚定崇高信念 …… 29

学习引导 …… 29
知识梳理 …… 30
　一、理想信念的内涵及重要性 …… 30
　二、坚定信仰信念信心 …… 31
　三、在实现中国梦的实践中放飞青春梦想 …… 32
拍案说理 …… 33
　【案例1】　屠呦呦：一生倾情青蒿素 …… 33
　【案例2】　火箭心脏"钻刻师"何小虎 …… 35
习题演练 …… 36
实践课堂 …… 43
　实践一："理想信念对大学生成长成才的重要意义"讨论活动 …… 43
　实践二："时代·人生·理想"主题演讲比赛 …… 44
视野拓展 …… 45
　一、精选阅读 …… 45
　二、推荐阅读 …… 64
　三、至理名言 …… 64

第三章　继承优良传统　弘扬中国精神 …… 65

学习引导 …… 65
知识梳理 …… 66
　一、中国精神是兴国强国之魂 …… 66
　二、做新时代的忠诚爱国者 …… 68
　三、让改革创新成为青春远航的动力 …… 70
拍案说理 …… 71
　【案例1】　王继才：坚守孤岛三十二载　用大爱书写家国情怀 …… 71
　【案例2】　钱学森的中国情结 …… 74

习题演练 ··· 75

实践课堂 ··· 83

  实践一："弘扬中国精神"主题演讲活动 ························ 83

  实践二：爱国主义教育基地参观活动 ····························· 83

视野拓展 ··· 84

  一、精选阅读 ··· 84

  二、推荐阅读 ··· 98

  三、至理名言 ··· 98

第四章　明确价值要求　践行价值准则 ························· 99

学习引导 ··· 99

知识梳理 ·· 100

  一、全体人民共同的价值追求 ······································ 100

  二、社会主义核心价值观的显著特征 ···························· 102

  三、积极践行社会主义核心价值观 ······························ 103

拍案说理 ·· 104

  【案例1】　陈金英：倾力还债　诚信诚心 ···················· 104

  【案例2】　丛飞：歌声嘹亮多资助，义演百场无保留 ····· 106

习题演练 ·· 108

实践课堂 ·· 114

  实践一："做社会主义核心价值观的积极践行者"班会活动 ···· 114

  实践二："对24字社会主义核心价值观的理解"街头采访活动 ···· 115

视野拓展 ·· 116

  一、精选阅读 ·· 116

  二、推荐阅读 ·· 128

  三、至理名言 ·· 128

第五章 遵守道德规范 锤炼道德品格 ············ 129

- 学习引导 ············ 129
- 知识梳理 ············ 130
  - 一、社会主义道德的核心与原则 ············ 130
  - 二、吸收借鉴优秀道德成果 ············ 132
  - 三、投身崇德向善的道德实践 ············ 133
- 拍案说理 ············ 136
  - 【案例1】 郭万刚：四十年，兑现父辈绿色承诺 ············ 136
  - 【案例2】 樊锦诗：扎根大漠心系敦煌的国宝守护人 ············ 138
- 习题演练 ············ 140
- 实践课堂 ············ 149
  - 实践一："道德建设，我们该做什么？"讨论活动 ············ 149
  - 实践二：大学生社会公德状况调查活动 ············ 150
- 视野拓展 ············ 150
  - 一、精选阅读 ············ 150
  - 二、推荐阅读 ············ 159
  - 三、至理名言 ············ 159

第六章 学习法治思想 提升法治素养 ············ 161

- 学习引导 ············ 161
- 知识梳理 ············ 162
  - 一、社会主义法律的特征和运行 ············ 163
  - 二、坚持全面依法治国 ············ 163
  - 三、维护宪法权威 ············ 165
  - 四、自觉尊法学法守法用法 ············ 167
- 拍案说理 ············ 169
  - 【案例1】 一封陌生的"兼职"邮件 ············ 169
  - 【案例2】 在校学生需警惕，勿成"两卡"犯罪"工具人" ············ 171

习题演练 ·· 173
实践课堂 ·· 184
 实践一：模拟法庭 ·· 184
 实践二："情大于法VS法大于情"辩论赛 ···················· 184
 实践三：法律知识宣传活动 ·· 185
视野拓展 ·· 186
 一、精选阅读 ·· 186
 二、推荐阅读 ·· 196
 三、至理名言 ·· 196

参考文献 ·· 198

第一章

领悟人生真谛　把握人生方向

学习目标

☆ 能够正确认识人的本质，了解人生观的主要内容，了解人生观与世界观、价值观的关系。

☆ 通过生活实践和自身体验，确立积极进取的人生态度，用科学高尚的人生观指引人生。

☆ 了解人生价值的评判标准，掌握人生价值的评价方法，熟悉实现人生价值的条件，学习在实践中创造有价值的人生。

☆ 辩证地对待人生矛盾，反对错误的人生观，成就出彩的人生。

学习重点

☆ 树立正确的人生观，明确人生目的，端正人生态度，认识人生价值，为创造有意义、有价值的人生奠定良好的基础。

☆ 正确地对待人生矛盾，自觉抵制错误观念，不断提升人生境界，努力成就出彩人生。

学习方法

☆ 阅读教材和相关材料，理解人生观的基本概念，知道如何树立正确的人生观。

☆ 阅读相关著作，了解历史上代表性人物的人生观。

☆ 阅读模范人物故事，解读其人生意义，说说如何通过社会实践创造有意义的人生。

知识梳理

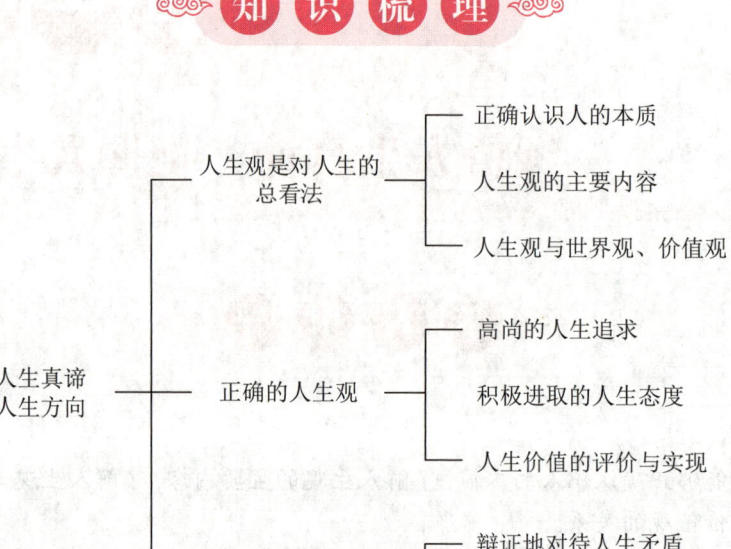

一、人生观是对人生的总看法

（一）正确认识人的本质

人生观就是人们对人生目的、人生态度、人生价值等问题的总观点和总看法。要想树立正确的人生观，人们首先需要对人的本质有科学的认识。

1. 马克思主义对人的本质的认识

马克思运用辩证唯物主义和历史唯物主义的观点和方法，揭示了人的本质。他指出："人的本质不是单个人所固有的抽象物，在其现实性上，它是一切社会关系的总和。"也就是说，社会属性是人的本质属性，人的社会关系的总和决定了人的本质。因此，认识人的本质，只能立足于具体的、历史的社会关系中从事社会实践的人，而不能从抽象的人性论出发，更不能依靠所谓神的启示。

2. 个人与社会的辩证关系

个人与社会的关系问题是认识和处理人生问题的重要着眼点和出发点：① 个人与社会之间的关系是对立统一的关系，两者相互依存，相互制约，相互促进；② 个人与社会之间的关系，最根本的是个人利益与社会利益之间的关系；③ 人的社会性决定了人只有在推动社会进步的过程中才能实现自我的发展。

（二）人生观的主要内容

人生观的主要内容包括个体对人生目的、人生态度和人生价值等问题的根本看法。人生目的是指人们自身行为的根本指向和人生追求。人生目的是人生观的核心。人生态度是指人们通过生活实践形成的对人生问题的一种稳定的心理倾向和精神状态。人生价值是指人的生命和实践活动对社会和个人的作用和意义。

（三）人生观与世界观、价值观

世界观是指人们对客观世界，以及人与世界之间的关系的总体看法和根本观点。世界观决定人生观，人生观又对世界观的巩固、发展和变化起着重要作用。

价值观是人们对价值、价值关系的总体看法和根本观点。价值观对人生观的形成和发展有重要的引导作用。

二、正确的人生观

（一）高尚的人生追求

"服务人民、奉献社会"的思想以其科学而高尚的品质，代表了人类社会迄今最先进的人生追求。服务人民、奉献社会的人生追求，以历史唯物主义关于人民群众是历史的创造者的基本观点为理论基础，指明了人在成长和发展过程中应确立的人生方向和目标。一个人确立了服务人民、奉献社会的人生追求，才能清楚地把握人生的奋斗目标，明确人生价值的正确标准，懂得人生的价值首先在于奉献，进而以积极的人生态度对待人生并解决实际生活中的各种问题，自觉用真善美来塑造自己，不断培养高洁的操行和纯朴的情感，努力使自己成为一个高尚的人。

（二）积极进取的人生态度

保持积极进取的人生态度，应做到以下几点：① 人生须认真；② 人生当务实；③ 人生应乐观；④ 人生要进取。

（三）人生价值的评价与实现

1. 正确评价人生价值

客观、公正、准确地评价社会成员人生价值的大小，除了要明确科学的标准外，还需要掌握恰当的评价方法：① 既要看贡献的大小，也要看尽力的程度；② 既要尊重物质贡献，也要尊重精神贡献；③ 既要注重社会贡献，也要注重自身完善。

2. 人生价值的实现条件

实现人生价值要从社会客观条件出发，从个体自身条件出发，并且不断增强实现人生价值的能力和本领。

三、创造有意义的人生

（一）辩证地对待人生矛盾

大学生要辩证地看待实际生活中的各种问题，勇敢面对和正确处理各种人生矛盾，做到以下几点：① 正确看待得与失；② 正确看待苦与乐；③ 正确看待顺与逆；④ 正确看待生与死；⑤ 正确看待荣与辱。

（二）反对错误的人生观

大学生要学会思考，善于分析，正确抉择，认清错误思想观念的实质，警惕和自觉抵制错误思想的侵蚀，做到以下几点：① 反对拜金主义；② 反对享乐主义；③ 反对极端个人主义。大学生应当顺应时代潮流，在科学理论的指导下，认清错误思想和腐朽观念的实质，确立并追求高尚的人生目的，在服务人民、奉献社会的人生实践中完善自我，创造人生价值。

第一章　领悟人生真谛　把握人生方向

（三）成就出彩人生

为了更好地实现人生价值、升华人生境界，大学生应做到：① 与历史同向；② 与祖国同行；③ 与人民同在；④ 在实践中创造有价值的人生。

【案例1】

走街串巷的"钥匙医生"严正

上午 8 时不到，社区医生严正就骑着电动车来到了位于上海市静安区彭浦镇灵石路的万荣小区。停好车后，严正单肩挎着包，开始了一天的工作。每周，他都会逐个走访万荣小区的多户家庭，为社区居民提供"走街串巷"服务。这项服务是严正 20 多年来的坚持。

严正是上海市静安区彭浦镇社区卫生服务中心全科医学团队队长，也是上海市首批家庭医生的成员之一。作为一名基层的共产党员，他始终扎根于社区卫生服务一线，凭借精湛的医术与优质的服务，赢得了病人和家属的一致赞誉。因工作出色，为社区卫生事业改革作出了重要贡献，他先后荣获"全国卫生系统先进个人"、"全国最美医生"、上海市首届"医德楷模"等荣誉称号。在

扫一扫

"钥匙医生"严正：
24 年守护百姓健康

2021 年"七一"前夕，他的荣誉簿上又添上了厚重的一笔——获得了"全国优秀共产党员"称号。

1995 年，严正在大学毕业后放弃了进入综合医院的机会，毅然选择了社区作为实现自己人生价值的舞台，来到了上海市万荣地段医院的彭浦镇社区卫生服务中心（现静安区彭浦镇社区卫生服务中心）。工作没多久，干部职工与患者就对这位青年医生赞不绝口，一致夸赞他工作认真负责、耐心细致。1996 年，上海市在全国率先实施家庭病床服务，严正勇做"拓荒牛"，成为当时唯一的一名上门服务医生，开始负责辖区内家庭病床病人。就这样，严正正式开启了他风雨兼程、

奔波忙碌的社区服务岁月。无论日晒还是雨淋，严正每天都准时从单位出发，开始一整天的上门看病服务，有时候要忙到晚上七八点钟才能结束。就这样，严正每天走家串户地出诊，骑坏了好几辆自行车。

彭浦镇的老年人口占总人口的三成左右，患有老年病、慢性病的老人对优质医疗服务的需求极为迫切。作为一名社区医务人员，严正总是在这些老人最需要的时候出现在他们身边。严正在上门治疗这些患病的老人时，不仅会帮助他们缓解身体上的病痛，还会帮助他们解决一些心理问题，许多老人都得到了严正的悉心照顾。

2004年，严正光荣地成为一名共产党员。从此，他更加严格地要求自己，努力精进医术、夯实本领。全科医生工作很复杂，需要面对各不相同的病情，所以需要掌握更加全面的医学知识。严正说，大医院的专科医生应"专而精"，社区的全科医生则应"广而全"。在业余时间，严正带领团队人员钻研业务，为社区卫生服务中心开展家庭医生工作出谋划策，并率先成立了由全科医生、公共卫生医生、临床护士和信息技术人员组成的"严正式"服务团队。为了帮助其他家庭医生更好地开展工作，严正更是倾囊相授，向同事分享他根据自己数十年来的服务经验所总结出的"五心工作法"，即进入家庭须留心、接待老年居民有耐心、搜集病史要细心、治疗用药要精心、要有一颗责任心。

严正良好的品行和医术得到了患者的认可。有的患者行动不便，为了方便严正上门看诊，便把家里的钥匙交给了他。有的时候，严正手里有51把钥匙。2018年5月，这51把钥匙的复刻品还被中国国家博物馆永久收藏。严正回忆说，他手里的第一把钥匙是在1999年收到的。当时，严正每周都会为患有偏瘫的郁老太太提供三次针灸和推拿服务。其间，郁老太太的丈夫突然被查出患了肺癌，经常需要去医院化疗，郁老太太的儿女只能去医院照顾患癌的父亲，留下郁老太太一个人在家。为了不耽误郁老太太的治疗，她的家人把家门钥匙郑重地交给严正，并告诉严正："严医生，钥匙拿好，我们信得过你。"一把小小的钥匙，捏在手中沉甸甸的，也让严正更加感到自己的责任重大。随着严正在社区的名气越来越大，交到他手上的钥匙也越来越多。严正也被街坊们亲切地称为"钥匙医生"。严正很喜欢"钥匙医生"这个称呼，他说："这些钥匙，也是打开老百姓心门的钥匙。我拿在手里，除了感动，更多的是感受到作为一名共产党员的初心和责任。"

第一章 领悟人生真谛 把握人生方向

截至2020年年底，严正累计门诊量达13万余人次，上门服务5万余人次，建立家庭病床1 300余张，钥匙增加到56把。有人问严正，这么多年不辞辛劳地苦干社区医疗，值得吗？他憨然一笑，说道："在旁人眼里，我付出了许多。但是，我觉得自己收获了更多——信任、尊重和爱护。我只是站在患者的位置，替他们多想了一点点而已，我觉得十分值得。"严正坦言，虽然在一线做家庭医生十分辛苦，上门出诊，预约就诊，签约建档，慢病管理，健康宣教，团队管理……工作细碎而烦琐，经常还要风里来雨里去，可是一想到老人们在家里等着他、盼着他，他就觉得必须接着做下去。

（资料来源：央视网，有改动）

> **评析** 严正作为一名社区家庭医生，在平凡的岗位上不辞辛苦、全心全意地为社区老人服务，时刻为老人的健康着想。他通过自己高超的医术和贴心的医疗服务获得了社区居民的肯定与信任，并获得了一系列的荣誉称号。他用实际行动践行着医生的职责与使命，实现了自己的人生价值。
>
> 大学生应保持积极进取的姿态，练就过硬本领，努力增长才干，发扬自强不息、敢为人先、百折不挠、坚韧不拔的精神，不惧艰难险阻，勇担时代使命，到基层去施展才华，建功立业，让青春之花绽放在祖国最需要的地方，在实现中国梦的伟大实践中书写别样精彩的人生。

【案例2】

南丁格尔的追随者

章金媛，1929年出生在江西南昌。1948年，她毕业于江西省高级护士学校。2003年，她获得第39届"南丁格尔奖章"。从一名普通护士到江西省首位"南丁格尔奖章"获得者，从医院护理工作者到走进千家万户的志愿者，从组建17人的志愿者团队到带领万余志愿者，章金媛获得了中国南丁格尔志愿服务总队"志愿服务终身成就奖"荣誉称号。这一路上，章金媛老人不断奋斗，不断前进，用心坚守着自己的初心和使命。

章金媛早年曾跟随丈夫从江西迁居香港。中华人民共和国成立后，她毅然放弃在香港的富足生活，带着年仅6个月的儿子回到南昌，开始追求她一生的梦想。

在从业之初，章金媛就立志成为像南丁格尔（英国女护士，近代护理学和护士教育创始人）那样的护士，将最无私的爱奉献给活在痛苦中的患者。在护理的过程中，章金媛坚持以爱心对待病人，以科学的态度对待工作。她还在工作之余仔细钻研，研究出了"节力铺床法""内折叠拆铺床法"等铺床法，这些方法省时、省力，还能够减少因铺床扬起的灰尘，至今仍被应用在临床中。她还指导年轻护士成功地设计出了"三位一体开瓶器"，这种开瓶器既能够节省时间，又便于安全操作。此外，章金媛还设计出一种"移动背负输液架"，以方便患者在输液过程中去卫生间。

"让护理走向社区、走向群众，让老百姓人人懂护理，家家会护理"是章金媛坚守的初心。2000年，71岁的章金媛带领16名退休护士成立了"江西红十字志愿护理服务中心"，无偿为社区居民提供服务。刚开始时，这支团队遇到了种种意想不到的困难。章金媛说："因为没钱又没房，起初我们是在露天环境下帮助群众做护理的。后来在相关医院的支持下，我们有了做护理工作的地方，真的很感谢那些帮助过我们的人。"2003年，章金媛获得第39届"南丁格尔奖章"，成为江西省首位"南丁格尔奖章"的获得者。章金媛说，这份沉甸甸的荣誉让她更加坚定志愿护理服务的信念。

此后，章金媛还创建了"南丁格尔居家养老志愿服务队"，为35位独居老人提供护理服务；2010年，她成立了"南昌南丁格尔志愿服务团"，在上百个社区楼栋设置"楼层志愿者"，为重病老人们建立健康档案，普及健康教育知识和科普保健知识；2014年，她创立了"章金媛爱心奉献团"，为社区居民免费提供健康体检、理疗保健及传授急救知识等服务。2017年，章金媛被聘请为中国"南丁格尔"志愿护理总队名誉理事长，同时获得中国南丁格尔志愿服务总队"志愿服务终身成就奖"荣誉称号。

如今已90多岁的章金媛老人依旧很忙，日程安排得满满的。医院、社区、山区、学校……她的身影总是出现在医疗护理最前线。谈起她的护理工作时，章金媛老人总是滔滔不绝。"我要奉献到100岁，这样才算不负自己不负他人！"章金媛坚定地说。

（资料来源：《经济日报》，有改动）

第一章　领悟人生真谛　把握人生方向

评析　章金媛及其爱心团队不计报酬，尽已所能，为帮助他人和服务社会而工作，把志愿服务酝酿成生命的本能，用崇高的职业操守和赤诚之心，书写了一段弘扬红十字精神的瑰丽诗篇，体现了中华民族的传统美德和甘于奉献的时代精神。

当代大学生要像章金媛一样，树立正确的人生观和价值观，确立服务人民、奉献社会的人生追求，不断培养高洁的操行和纯朴的情感，努力成长为一个有价值的人。

一、单项选择题

1. （　　）为人们认识人生、形成正确的人生观提供了科学的方法论。
   A. 世界观　　　　　　　　B. 人生价值
   C. 人生态度　　　　　　　D. 人的本质

2. 人生观的核心问题是（　　）。
   A. 人生目的　　　　　　　B. 人生态度
   C. 人生价值　　　　　　　D. 人生理想

3. 下列选项中，对人生态度理解正确的是（　　）。
   A. 人生态度就是人生价值观
   B. 人生态度就是低层次的人生观
   C. 人生态度就是指人为什么活着
   D. 人生态度表明人应当如何活着

4. 人生目的是对（　　）这一人生根本问题的认识和回答。
   A. 人为什么竞争　　　　　B. 人为什么活着
   C. 人怎样活着　　　　　　D. 人怎样活得有意义

5. 下列关于人生目的在人生实践中具有的重要作用的说法，不正确的是（　　）。
   A. 人生目的决定人生道路　　B. 人生目的决定人生态度

C. 人生目的决定人的世界观　　D. 人生目的决定人生价值选择

6. 一个人思考生活的意义，树立追求的理想目标，总是以（　　）为根据，并受其制约和影响。

　　A. 世界观　　　　　　　　B. 人生观
　　C. 价值观　　　　　　　　D. 理想观

7. 下列选项中，不属于个人实现人生价值的条件的是（　　）。

　　A. 良好的社会环境　　　　B. 丰富社会实践
　　C. 完善知识结构　　　　　D. 坚持实事求是

8. 个人通过辛勤的劳动为社会作出了贡献，也让自己事业有成。这说明了（　　）。

　　A. 不实现个人抱负，就不会创造社会价值
　　B. 实现自我价值是因，创造社会价值是果
　　C. 社会价值的创造过程与自我价值的实现过程是不相关的
　　D. 人生的自我价值必须与社会价值相结合，并通过社会价值表现出来

9. 下列选项中，对人生价值的理解正确的是（　　）。

　　A. 产生于主体的需要和客观满足主体需要的关系中
　　B. 自我价值与社会价值的统一
　　C. 对人为什么活着的基本观点
　　D. 人的生命及实践活动对社会和个人的作用和意义

10. 人的生命是有限的，但生命的意义和价值却可以不同。实现人生价值的根本途径是（　　）。

　　A. 培养积极进取的人生态度
　　B. 自觉提高自己的主体素质和能力
　　C. 有意识、有目的地开展创造性实践活动
　　D. 正确认识自我价值和社会价值的关系

11. 下列选项中，对世界观的理解正确的是（　　）。

　　A. 人们认识主观世界、改造客观世界的根本方法
　　B. 人们对客观世界及人与世界的关系的总体看法和根本观点
　　C. 人们对人生目的、人生价值的根本看法
　　D. 科学的人生态度

12.（　　）对于人生观的形成和发展有重要的引导作用，它为人民在社会生活中判断善恶、美丑、福祸、荣辱、利害提供基本准则。

　　A．事业观　　　B．世界观　　　C．价值观　　　D．理想观

13．马克思说："人们只有为同时代人的完美、为他们的幸福而工作，才能使自己也达到完美。如果一个人只为自己劳动，他也许能成为著名学者、大哲人、卓越诗人，然而他永远不能成为完美无瑕的伟大人物。"这句话表达的意思是（　　）。

　　A．人生的自我价值和社会价值是矛盾的、对立的

　　B．人生的社会价值是实现人生的自我价值的基础

　　C．人生的自我价值是个体生存和发展的必要条件

　　D．自觉提高自己的主体素质和能力是实现人生价值的根本途径

14．（　　）是实现人生价值的必由之路。

　　A．社会实践　　　　　　　B．刻苦学习

　　C．聪明才智　　　　　　　D．不畏艰苦

15．"吃一堑，长一智""塞翁失马，焉知非福"说明了要正确看待人生的（　　）。

　　A．苦与乐　　　　　　　　B．荣与辱

　　C．顺与逆　　　　　　　　D．得与失

16．把追求金钱作为人生的至高目的，认为金钱可以主宰一切的错误人生观是（　　）。

　　A．拜金主义的人生观　　　B．禁欲主义的人生观

　　C．享乐主义的人生观　　　D．极端个人主义的人生观

17．（　　）的思想代表了人类社会迄今最先进的人生追求。

　　A．服务人民、奉献社会　　B．刻苦学习、服务社会

　　C．社会实践、锤炼作风　　D．不畏艰苦、积极乐观

18．毛泽东青年时便立志"以天下为己任"，周恩来在南开中学时提出"为中华之崛起而读书"。这些事例告诉我们（　　）。

　　A．人生目的决定选择什么样的人生价值标准

　　B．人生目的决定持什么样的人生态度

C. 人生目的决定走什么样的人生道路

D. 人生目的决定保持什么样的人生精神状态

19. （　　）是社会存在和发展的重要条件，是个体自我完善、全面发展的保障。

　　A. 人生价值　　　　　　B. 人生目的
　　C. 人生态度　　　　　　D. 人生理想

20. "人的本质不是单个人所固有的抽象物，在其现实性上，它是一切社会关系的总和。"这句话说明，人的本质属性在于其（　　）。

　　A. 自然性　　　　　　　B. 社会性
　　C. 抽象性　　　　　　　D. 生物性

21. 钱学森曾经说过："我作为一名中国的科技工作者，活着的目的就是为人民服务。如果人民最后对我的一生所做的工作表示满意，那才是最高的奖赏。"这说明评价人生价值的根本尺度是（　　）。

　　A. 个体在社会中的地位
　　B. 个体在社会中的影响
　　C. 个人对社会和他人的生存和发展的贡献
　　D. 个体从社会获得的满足尺度

22. 实现人生价值的根本途径是（　　）。

　　A. 树立正确的人生观　　B. 进行创造性的实践活动
　　C. 自觉提高人生修养的境界　　D. 选择正确的人生价值目标

23. 人们通过生活实践所形成的对人生问题的一种稳定的心理倾向和基本意图是（　　）。

　　A. 人生观　　　　　　　B. 人生价值
　　C. 人生态度　　　　　　D. 人生目的

二、多项选择题

1. 在面对和处理各种人生矛盾时，应做到（　　）。

　　A. 正确看待得与失　　　B. 正确看待顺与逆
　　C. 正确看待生与死　　　D. 正确看待荣与辱

2. 人生价值评价的基本方法是做到坚持（　　　）相统一。
   A. 完善自身与贡献社会　　　　B. 贡献大小与尽力程度
   C. 物质贡献与精神贡献　　　　D. 事业成功与贡献社会

3. 社会主义荣辱观强调以热爱祖国为荣、以危害祖国为耻，以服务人民为荣、以背离人民为耻，以崇尚科学为荣、以愚昧无知为耻，以辛勤劳动为荣、以好逸恶劳为耻。此外，还强调（　　　）。
   A. 以团结互助为荣、以损人利己为耻
   B. 以诚实守信为荣、以见利忘义为耻
   C. 以遵纪守法为荣、以违法乱纪为耻
   D. 以艰苦奋斗为荣、以骄奢淫逸为耻

4. 人生价值是自我价值和社会价值的统一。下列选项中，关于社会价值的表述，正确的有（　　　）。
   A. 是个人的社会存在
   B. 是个人通过劳动、创造对社会和人民所作的贡献
   C. 是个体的人生对社会和他人的意义
   D. 是作为客体的人对作为主体的人的需要的满足

5. 下列选项中，属于错误人生观的有（　　　）。
   A. 利己主义　　　　　　　　　B. 享乐主义
   C. 极端个人主义　　　　　　　D. 拜金主义

6. 树立积极进取的人生态度，须（　　　）。
   A. 认真　　　　　　　　　　　B. 乐观
   C. 务实　　　　　　　　　　　D. 进取

7. 要想实现人生价值，就应（　　　）。
   A. 从社会客观条件出发　　　　B. 从社会主观条件出发
   C. 从个体自身条件出发　　　　D. 不断增强能力和本领

8. 当代大学生担当新时代赋予的历史责任，在服务人民、奉献社会的实践中创造有意义的人生，应当（　　　）。
   A. 与社会同步　　　　　　　　B. 与祖国同行
   C. 与人民同在　　　　　　　　D. 与历史同向

9. "个人的抱负不可能孤立地实现,只有把它同时代和人民的要求紧密结合起来,用自己的知识和本领为祖国为人民服务,才能使自身价值得到充分实现。"下列选项中,对这句话的理解正确的有(　　)。

　　A．人生价值的本质是个人对社会的责任和贡献
　　B．一个高尚的人只有社会价值而没有自我价值
　　C．一个人要想实现自我价值,就得为社会创造价值
　　D．社会对个人的尊重程度和满足程度决定其社会价值的实现程度

10. 荣辱观(　　)。

　　A．是人们对荣辱问题的根本看法和态度,是对社会思想道德原则和规范的表达
　　B．对个人的思想行为具有鲜明的导向作用和调节作用
　　C．与人的文明程度、社会的治乱安危紧密联系在一起
　　D．能为人们判断行为得失、作出道德选择、确定价值取向提供基本的价值准则和行为规范

11. 爱因斯坦说:"我评定一个人的真正价值只有一个标准,即看他在多大程度上摆脱了自我。"下列选项中,对这句话理解正确的有(　　)。

　　A．个体人生价值的大小要看社会对他的满足程度
　　B．人生价值的大小取决于个体自我价值的实现程度
　　C．人生的真正价值在于对社会的奉献
　　D．对社会贡献越大,摆脱自我的程度也就越大,个体的人生价值就越大

12. 下面选项中,关于得失的论述正确的有(　　)。

　　A．不要惧怕一时的失　　B．不要满足一时的得
　　C．不要考虑个人的得失　　D．不要拘泥个人利益的得失

13. 叔本华说:"理性是明眼的瘸子,意志是刚强的瞎子,理性需要意志背负着走路,而意志需要理性指路。"下列说法正确的有(　　)。

　　A．理性可以看作人生目的
　　B．意志是指人生态度
　　C．理性和意志互相依存的关系可以看作追求人生价值的过程
　　D．人生目的、人生态度和人生价值是相辅相成的

三、简答题

1. 为什么要树立正确的人生观？

2. 如何理解人生目的、人生态度和人生价值三者之间的关系？为什么说人生目的是人生观的核心？

3. 根据马克思主义关于个人与社会关系的原理，说明人生的自我价值与社会价值之间的关系。

《思想道德与法治》学习与实践指导

四、分析题

民以食为天，一粥一饭当思来之不易。吃饱肚子、摆脱饥饿是人类历史上不朽的主题之一。如今，吃不饱的局势得以改变，改变这个局面的就是稻谷英雄袁隆平。出生于 1930 年的袁爷爷，经历过吃不饱的日子，深刻体会到粮食的重要性。袁隆平的毕生追求是"发展杂交水稻，造福世界人民"。为实现这一宏愿，他长期致力于杂交水稻技术的研究、应用与推广，创建了超级杂交稻技术体系。在从事杂交水稻研究的过程中，他不畏艰难，甘于奉献，呕心沥血，苦苦追求，为解决中国人的吃饭问题做出了重大贡献，更为中国粮食安全、农业科学发展和世界粮食供给做出了杰出贡献。

请根据上述材料，谈谈当今大学生应当如何实现自己的人生价值。

实践一："我的人生观"集体讨论活动

【实践目的】

通过集体讨论，对自己的人生观和人生目标进行审视和反思，找到实现人生价值的途径。

【实践方案】

时间：45 分钟。

地点：教室。

参与人：学生、教师。

流程：

（1）学生在纸上写出自己的人生目标。

（2）教师和学生共同选出 5 个有意义的人生目标。写出这些目标的学生上台演讲"如何实现自己的人生目标"，其余同学结合演讲内容发表自己的见解。

（3）分小组讨论：什么样的人生才有价值？如何实现自己的人生价值？每个小组派一名学生进行发言。

【实践成果】

获得审视和反思自己人生观的相关启发，找到实现人生价值的途径。

实践二："如何实现人生价值"调查活动

【实践目的】

通过调查，了解他人对如何实现人生价值的看法，并能从中获得启迪。

【实践方案】

时间：45 分钟。

地点：教室。

参与人：学生、教师。

流程：

（1）教师对学生进行分组，每 5 人一组，各组选出小组负责人。

（2）各组在课下开展一些社会调查，了解不同年龄、不同职业的人对如何实现人生价值的看法，然后对所搜集的资料加以分析，并写一份调查报告。

（3）课堂上，各组组长对调查报告进行汇报，其他成员记录重要信息。

（4）汇报完毕后，教师组织学生以座谈会的形式谈谈自己对如何实现人生价值的看法。

（5）教师对此次活动进行点评，并做总结。

【实践成果】

形成汇报记录，提交调查报告。

一、精选阅读

嘹亮的青春之歌
——学习《习近平的七年知青岁月》（节选）

同人民一起奋斗是亮丽青春的厚重底色。青春是用来奋斗的，奋斗的青春最美丽。无论时代场景如何变化，与祖国共成长、投身人民的伟大奋斗，走与人民群众相结合的路，都是青春永恒的主题。1969年1月，年仅15岁的习近平来到陕西省延川县梁家河大队插队落户，与当地百姓"一块吃、一块住、一块干、一块苦"，当了整整7年农民。上山下乡，是那个时代所要求的知识青年的人生选择。习近平接受艰巨挑战，一步一步迈过了跳蚤关、饮食关、劳动关、思想关这"四关"，将青春燃烧在了革命圣地广袤的黄土地上。青年习近平的苦难辉煌，为"只有进行了激情奋斗的青春，只有进行了顽强拼搏的青春，只有为人民作出了奉献的青春，才会留下充实、温暖、持久、无悔的青春回忆"做了最好注脚。

理想信念是青春远航的动力引擎。习近平总书记说过，如何选择一条正确的道路，关键是要有坚定的理想信念，他以实践做出了诠释。即便处境艰难，他也坚持追求真理和进步，始终对党充满信心，矢志要为群众办实事。与他在同一个窑洞住过的雷平生说："习近平有强烈的使命感，在农村的7年逐渐建立起了自己的人生理想，就是要为老百姓办实事。"正因如此，习近平先后8次写入团申请书，先后10次写入党申请书，不屈不挠，饱经周折方入团入党。理想信念犹如定海神针。心中有信仰，脚下有力量。青年习近平已经把理想信念深深地内化于心，外化成行。当身边的知青或当兵，或工作，或上大学，一个个相继离开梁家河时，只剩下他一个人，他还能从容淡定，奋发作为。因为他把自己看作了黄土地的一部分，立志改变梁家河的旧面貌。

第一章 领悟人生真谛 把握人生方向

艰难困苦是砥砺青春的"磨刀石"。逆境最能检验一个人的意志和追求。青年习近平面对的苦与难无疑是令人印象深刻的，正如一位受访者说的："在实现人生价值的时候，别人做事从'零'开始，习近平却要从'负数'开始。"在自然环境、劳动环境、生活环境，乃至政治环境"风刀霜剑严相逼"之下，他毫不气馁，不怨天尤人，而是砥砺前行，从 15 岁刚来到黄土地时迷惘、彷徨，到 22 岁离开有着坚定的人生目标且充满自信。2013 年 5 月 4 日，习近平总书记在同各界优秀青年代表座谈时寄语青年："青年时代，选择吃苦也就选择了收获，选择奉献也就选择了高尚。青年时期多经历一点摔打、挫折、考验，有利于走好一生的路。要历练宠辱不惊的心理素质，坚定百折不挠的进取意志，保持乐观向上的精神状态，变挫折为动力，用从挫折中吸取的教训启迪人生，使人生获得升华和超越。"细品《习近平的七年知青岁月》，青年学子无疑会对这段话有更感性、更深刻的体悟。

勤学实干、创新创造是青春飞扬的通行证。青年习近平在梁家河"有个针缝的时间都读书"，他渴求知识，崇学尚读，留下了许多好读书、善读书的佳话轶事，如煤油灯下熏面看书，走 15 千米山路借书。他的博学多识赢得了村民的尊重。在梁家河的几年里，他一直苦干实干，同他一起劳动过的王宪平评价说，"很卖力气，肯吃苦，一点儿都不惜力"，因而被誉为"好后生"。当上村支书后，他大刀阔斧地抓生产，组织农民打坝打井，改革创新生产组织方式，设立铁业社、缝纫社、代销点、磨坊，在陕西省率先引进沼气新技术，实干苦干创新干，让全村在较短时间内就焕发勃勃生机，也让自己的青春在梁家河熠熠发光。

（资料来源：中国青年网，有改动）

【阅读感言】

以青春之我续写青春之华章

青年是整个社会力量中最积极、最有生气的力量,国家的希望在于青年,民族的未来在于青年。要想创造更加辉煌的明天,广大青年就要始终与党和国家发展同向同行、与人民群众同心同力,始终做到"利于国者爱之,害于国者恶之",志存高远,永久奋斗。

革命理想高于天。回顾百年党史,在革命、建设、改革的不同时期,亿万青年坚定理想信念,发扬大无畏的斗争精神,自觉扛起职责使命,成为推动国家不断发展进步的坚实力量。陈乔年牺牲时年仅26岁,他留下"让我们的子孙后代享受前人披荆斩棘的幸福吧"这句话,大义凛然,荡气回肠;第一代塞罕坝造林人平均年龄不到24岁,他们说"你看坝上的树,是我们用青春和汗水浇灌出来的",质朴纯粹,初心熠熠……一代又一代中国青年以青春之热血投身到时代洪流中,无私无畏,默默奉献,在坚定理想信念中明确青春航向、人生目标,在抱定必胜信心中奋发有为、矢志不渝、与国同行。

青春因磨砺而出彩,人生因奋斗而升华。2015年7月24日,习近平总书记在致全国青联十二届全委会和全国学联二十六大的贺信中指出:"当代中国青年要有所作为,就必须投身人民的伟大奋斗。"这是新时代青年擦亮初心、担当使命的必然要求,也是青年一代实现人生价值的成事之道、干事之基。历史将由青年继续书写。扎实推进乡村振兴战略,加快数字社会建设步伐,攻克"卡脖子"关键核心技术,促进人与自然和谐共生……答好新时代的考卷,青年人有千钧重任更责无旁贷。广大青年要在奋斗中定义时光,争做时代之先锋,立鸿鹄之志,展报国之心,绽时代之美。

展望未来路,我们要清醒地认识到,实现中华民族伟大复兴的中国梦,前途是光明的,道路是曲折的。在前进的道路上,我们还会面临更多未知的挑战和风险。新时代青年要增强理论学习的自觉性,掌握马克思主义立场观点方法,练就善于斗争的真本领,同时要用好历史这最好的教科书,在一座座精神丰碑中感悟初心使命,坚定理想信念不动摇,始终做到理论上的清醒、政治上的坚定,确保成长不偏航、行进有明灯。

第一章　领悟人生真谛　把握人生方向

展望未来路，我们要清醒地认识到，在百年未有之大变局下，实现高质量发展，构建新发展格局，我们尚有进步空间。新时代青年要增强拼搏实干的自觉性，不用扬鞭自奋蹄，大力发扬孺子牛、拓荒牛、老黄牛的精神，深刻理解和把握时代潮流、国家需要，增强担当意识，想在前，走在前，干在前，不断激发创新创造的活力，保持锐意进取的奋斗力、战斗力，贡献青春智慧，不负时代厚望。

"在这片古老的土地上，到处都有青春的力量。"当代中国青年是与新时代同向同行、共同前进的一代，青春之我要在真抓实干中走好青春之路，涵养对党忠诚的大德、造福人民的公德、严于律己的私德，立大志，明大德，成大才，担大任，始终保持昂扬的精神面貌，激扬无穷的青春活力，为中华民族伟大复兴添砖加瓦，续写青春华章。

（资料来源：人民论坛网，有改动）

阅读感言

习近平在纪念五四运动100周年大会上的讲话（节选）

青年朋友们、同志们！

今天，在中国共产党领导下，我们开辟了中国特色社会主义道路，形成了中国特色社会主义理论体系，建立了中国特色社会主义制度，发展了中国特色社会主义文化，推动中国特色社会主义进入了新时代。中国人民拥有了前所未有的道路自信、理论自信、制度自信、文化自信，中华民族伟大复兴展现出前所未有的光明前景！

新时代中国青年运动的主题，新时代中国青年运动的方向，新时代中国青年的使命，就是坚持中国共产党领导，同人民一道，为实现"两个一百年"奋斗目标、实现中华民族伟大复兴的中国梦而奋斗。

《思想道德与法治》学习与实践指导

  青年是整个社会力量中最积极、最有生气的力量，国家的希望在青年，民族的未来在青年。今天，新时代中国青年处在中华民族发展的最好时期，既面临着难得的建功立业的人生际遇，也面临着"天将降大任于斯人"的时代使命。新时代中国青年要继续发扬五四精神，以实现中华民族伟大复兴为己任，不辜负党的期望、人民期待、民族重托，不辜负我们这个伟大时代。

  第一，新时代中国青年要树立远大理想。青年的理想信念关乎国家未来。青年理想远大、信念坚定，是一个国家、一个民族无坚不摧的前进动力。青年志存高远，就能激发奋进潜力，青春岁月就不会像无舵之舟漂泊不定。正所谓"立志而圣则圣矣，立志而贤则贤矣"。青年的人生目标会有不同，职业选择也有差异，但只有把自己的小我融入祖国的大我、人民的大我之中，与时代同步伐、与人民共命运，才能更好实现人生价值、升华人生境界。离开了祖国需要、人民利益，任何孤芳自赏都会陷入越走越窄的狭小天地。

  新时代中国青年要树立对马克思主义的信仰、对中国特色社会主义的信念、对中华民族伟大复兴中国梦的信心，到人民群众中去，到新时代新天地中去，让理想信念在创业奋斗中升华，让青春在创新创造中闪光！

  第二，新时代中国青年要热爱伟大祖国。孙中山先生说，做人最大的事情，"就是要知道怎么样爱国"。一个人不爱国，甚至欺骗祖国、背叛祖国，那在自己的国家、在世界上都是很丢脸的，也是没有立足之地的。对每一个中国人来说，爱国是本分，也是职责，是心之所系、情之所归。对新时代中国青年来说，热爱祖国是立身之本、成才之基。当代中国，爱国主义的本质就是坚持爱国和爱党、爱社会主义高度统一。

  新时代中国青年要听党话、跟党走，胸怀忧国忧民之心、爱国爱民之情，不断奉献祖国、奉献人民，以一生的真情投入、一辈子的顽强奋斗来体现爱国主义情怀，让爱国主义的伟大旗帜始终在心中高高飘扬！

  第三，新时代中国青年要担当时代责任。时代呼唤担当，民族振兴是青年的责任。鲁迅先生说，青年"所多的是生力，遇见深林，可以辟成平地的，遇见旷野，可以栽种树木的，遇见沙漠，可以开掘井泉的"。在实现中华民族伟大复兴的新征程上，应对重大挑战、抵御重大风险、克服重大阻力、解决重大矛盾，迫切需要迎难而上、挺身而出的担当精神。只要青年都勇挑重担、勇克难关、勇斗风险，中国特色社会主义就能充满活力、充满后劲、充满希望。青年要保持初生牛犊不怕虎、越是艰险越向前的刚健勇毅，勇立时代潮头，争做时代先锋。一切视探索尝试为畏途、一切把负重前行当吃亏、一切"躲进小楼成一统"逃避责任的思想和行为，都是要不得的，都是成不了事的，也是难以真正获得人生快乐的。

新时代中国青年要珍惜这个时代、担负时代使命，在担当中历练，在尽责中成长，让青春在新时代改革开放的广阔天地中绽放，让人生在实现中国梦的奋进追逐中展现出勇敢奔跑的英姿，努力成为德智体美劳全面发展的社会主义建设者和接班人！

第四，新时代中国青年要勇于砥砺奋斗。奋斗是青春最亮丽的底色。"自信人生二百年，会当水击三千里。"民族复兴的使命要靠奋斗来实现，人生理想的风帆要靠奋斗来扬起。没有广大人民特别是一代代青年前赴后继、艰苦卓绝的接续奋斗，就没有中国特色社会主义新时代的今天，更不会有实现中华民族伟大复兴的明天。千百年来，中华民族历经苦难，但没有任何一次苦难能够打垮我们，最后都推动了我们民族精神、意志、力量的一次次升华。今天，我们的生活条件好了，但奋斗精神一点都不能少，中国青年永久奋斗的好传统一点都不能丢。在实现中华民族伟大复兴的新征程上，必然会有艰巨繁重的任务，必然会有艰难险阻甚至惊涛骇浪，特别需要我们发扬艰苦奋斗精神。奋斗不只是响亮的口号，而是要在做好每一件小事、完成每一项任务、履行每一项职责中见精神。奋斗的道路不会一帆风顺，往往荆棘丛生、充满坎坷。强者，总是从挫折中不断奋起、永不气馁。

新时代中国青年要勇做走在时代前列的奋进者、开拓者、奉献者，毫不畏惧面对一切艰难险阻，在劈波斩浪中开拓前进，在披荆斩棘中开辟天地，在攻坚克难中创造业绩，用青春和汗水创造出让世界刮目相看的新奇迹！

第五，新时代中国青年要练就过硬本领。青年是苦练本领、增长才干的黄金时期。"青春虚度无所成，白首衔悲亦何及。"当今时代，知识更新不断加快，社会分工日益细化，新技术新模式新业态层出不穷。这既为青年施展才华、竞展风采提供了广阔舞台，也对青年能力素质提出了新的更高要求。不论是成就自己的人生理想，还是担当时代的神圣使命，青年都要珍惜韶华、不负青春，努力学习掌握科学知识，提高内在素质，锤炼过硬本领，使自己的思维视野、思想观念、认识水平跟上越来越快的时代发展。

新时代中国青年要增强学习紧迫感，如饥似渴、孜孜不倦学习，努力学习马克思主义立场观点方法，努力掌握科学文化知识和专业技能，努力提高人文素养，在学习中增长知识、锤炼品格，在工作中增长才干、练就本领，以真才实学服务人民，以创新创造贡献国家！

第六，新时代中国青年要锤炼品德修为。人无德不立，品德是为人之本。止于至善，是中华民族始终不变的人格追求。我们要建设的社会主义现代化强国，不仅要在物质上强，更要在精神上强。精神上强，才是更持久、更深沉、更有力量的。青年要把正确的道德认知、自觉的道德养成、积极的道德实践紧密结合起来，不断修身立德，打牢道德根基，在人生道路上走得更正、走得更远。面对复杂的世界大变局，要明辨是非、恪守正道，不人云亦云、盲目跟风。面对外部诱惑，要保持定力、严守规矩，用勤劳的双手和诚实的劳动创造美好生活，拒绝投机取巧、远离自作聪明。面对美好岁月，要有饮水思源、懂得回报的感恩之心，感恩党和国家，感恩社会和人民。要在奋斗中摸爬滚打，体察世间冷暖、民众忧乐、现实矛盾，从中找到人生真谛、生命价值、事业方向。

新时代中国青年要自觉树立和践行社会主义核心价值观，善于从中华民族传统美德中汲取道德滋养，从英雄人物和时代楷模的身上感受道德风范，从自身内省中提升道德修为，明大德、守公德、严私德，自觉抵制拜金主义、享乐主义、极端个人主义、历史虚无主义等错误思想，追求更有高度、更有境界、更有品位的人生，让清风正气、蓬勃朝气遍布全社会！

（资料来源：新华社，有改动）

阅读感言

第一章　领悟人生真谛　把握人生方向

让青春在奋斗中绽放绚丽之花

在 2021 年公布的"中国青年五四奖章"名单里，我们看到：内蒙古自治区呼和浩特市消防救援支队玉泉区大队南二环路站站长巴特尔，14 年来参与 4 500 余场灭火救援，闪耀无私"火焰蓝"；海军特级飞行员王勇创新舰载战斗机飞行员培养模式，彰显热血"迷彩绿"；福建省漳州市公安局巡特警支队直属大队组建平安志愿者队伍 29.4 万人，增添亮丽"志愿红"……在青春绚丽多彩的调色盘中，每一种颜色都有属于自己的美，正像各行各业中涌现出的有为青年，他们奔跑在时代前列，在奋斗中增长才干、实现价值，生动展现了新时代青年的风采。

让青春在不懈奋斗中
绽放绚丽之花

青年是整个社会力量中最积极、最有生气的力量，国家的希望在于青年，民族的未来在于青年。无论过去、现在，还是未来，青年始终是实现中华民族伟大复兴的先锋力量。新时代为广大青年实现青春梦想提供了更多可能，也提出了更高要求。坚定理想信念，锤炼过硬本领，把个人理想融入国家发展伟业，广大青年方能闯出广阔天地，干出不凡业绩。

从"砍头不要紧，只要主义真"的坚定执着，到"愿拼热血卫吾华"的英勇奋斗，再到"哪里艰苦，我就应该到哪里去"的默默奉献……党的历史就是一部理想信念的生动教材。从党的百年非凡历程中汲取营养和动力，把理想信念建立在对科学理论的理性认同上，建立在对历史规律的正确认识上，建立在对基本国情的准确把握上，不断增强道路自信、理论自信、制度自信、文化自信，当代青年方能不负韶华、砥砺前行，成为堪当民族复兴重任的时代新人。

如今，知识更新速度不断加快、社会分工日益细化，新技术新模式新业态层出不穷，唯有勤奋学习、增长本领，才能为青春搏击积蓄能量。中国科学院古脊椎动物与古人类研究所研究员付巧妹甘坐"冷板凳"，专注探索人类群体的起源与演化问题；中国航天科技集团有限公司第六研究院 7103 厂高级技师何小虎多年来解决火箭发动机加工难题 65 项，在"长征五号""天问一号"等任务中作出了突出贡献；上海盛东国际集装箱码头有限公司桥吊司机张彦扎根于港区码头一线，带领团队 7 次刷新集装箱桥吊单机和船时量作业效率的世界纪录……越来越多的青年在各自的专业领域精耕细作、精益求精，用严细深实的专业能力、坚持不懈的努力奋斗为青春写下生动注脚，不仅实现了自己的人生价值，也为国家发展和社会进步不断贡献才智。

实现青春梦想，要把个人的理想追求融入党和国家事业之中，在党和人民最需要的地方绽放青春。2013年5月2日，习近平总书记在给北京大学考古文博学院2009级本科团支部全体同学的回信中强调："'得其大者可以兼其小。'只有把人生理想融入国家和民族的事业中，才能最终成就一番事业。"当代中国青年有着极强的民族自信心和责任担当。当个人奋斗与国家发展同频共振时，广大青年就能在实现出彩人生的同时为国家发展作出突出贡献。

2021年4月19日，习近平总书记在清华大学考察时强调："当代中国青年是与新时代同向同行、共同前进的一代，生逢盛世，肩负重任。"立大志，明大德，成大才，担大任，让青春在为祖国、为民族、为人民、为人类的不懈奋斗中绽放绚丽之花，广大青年必能用青春和汗水创造出让世界刮目相看的新奇迹，中华民族伟大复兴的中国梦终将在一代代青年的接力奋斗中变为现实。

（资料来源：求是网，有改动）

阅读感言

与时代同频共振的青年

在广西壮族自治区玉林市北流市西埌镇田心村，来自五湖四海的年轻人利用自己的专业知识勾勒出美丽乡村改造建设的蓝图，为乡村带来了看得见的改变；福建省三钢（集团）有限责任公司的"95后""钢三代"蔡亦翔大学毕业后决定回到家乡，用自己的专业技术为工厂赋能，"炼好每一炉钢，就能体现我们年轻人的价值"……他们也许没有惊天动地的壮举或举世瞩目的成就，却用自己的人生诠释着新时代中国青年的精神风貌。当今的时代赋予了青年更多机遇、更多选择，青年也以自身的努力奋斗回馈着时代。

从离土到入乡

许多从城市"逆行"到乡村的青年常说，他们起初的选择在不少人看来很"任性"，但他们看到了乡村发展的潜力，想要利用自己的所学所知在这个广阔的舞台上大展拳脚。

"90后"景观设计师小陈是广西美丽乡村设计院设计团队中的一员。从河南老家大学毕业后，他曾在浙江工作过一段时间，但最终决定离开大城市，参与到广西北流市的乡村改造项目中。小陈觉得乡村有自己的优势，也需要注入新鲜血液，"在乡村工作，不像之前的工作一直待在办公室，很多问题需要亲临现场解决"。

他说，设计院工作人员大都是来自五湖四海的"80后""90后"，由于同事都是同龄人，所以即使身在异乡，他也不觉得孤独。而且，小陈在这里拥有很多实践的机会，每当看到自己的想法落地实施，并为村民的生活带来实际上的改变，他都很有成就感。

从传承到"出圈"

在充满机遇的纺织之都绍兴柯桥（隶属于浙江省绍兴市），一群从小生长在这里的"布二代"，正试图在这个历史悠久的传统行业中寻找新的可能性。柯桥的纺织品市场从20世纪80年代开始初具雏形，逐渐成为世界上规模最大、经营品种最多的纺织品集散中心之一。

家中从事布料生意的"90后"女孩小珍从伦敦大学毕业回国后，与初中同学小潘和小菲一拍即合，在柯桥成立了一家服装工作室。小珍从小的生活都是围绕着面料进行的，长大后她想跳出来从另一个角度看一看这个行业。小潘此前在意大利学习服装设计多年，她看中了柯桥成衣市场潜在的机会和当地给予青年创业者的优惠政策，于是毅然决定回国创立自己的服装品牌。从挑选面料到绘制设计图，从打板到制作成衣，她们都要亲力亲为，常常忙到午夜，然后干脆睡在工作室。传统面料与国际范儿的设计，让她们的品牌在社交媒体上吸引了不少粉丝。

她们的故事是许多当代青年的缩影，越来越多的年轻人正用独特的视角和创意，在实现自己人生目标的同时，为家乡的传统产业注入新的活力。

（资料来源：中国新闻出版广电网，有改动）

《思想道德与法治》学习与实践指导

阅读感言

二、推荐阅读

1. 毛泽东：《为人民服务》，《毛泽东选集》第三卷，人民出版社，1991年。
2. 中央党校采访实录编辑室：《习近平的七年知青岁月》，中共中央党校出版社，2017年。
3. 习近平：《在实现中国梦的生动实践中放飞青春梦想》，《习近平谈治国理政》第一卷，外文出版社，2018年。
4. 中华人民共和国国务院新闻办公室：《新时代的中国青年》，人民出版社，2022年。
5. [德] 鲁道夫·奥伊肯：《人生的意义与价值》，张伟、左兰译，北京理工大学出版社，2015年。

三、至理名言

故天将降大任于是人也，必先苦其心志，劳其筋骨，饿其体肤，空乏其身，行拂乱其所为，所以动心忍性，增益其所不能。

——《孟子》

君子乐得其道，小人乐得其欲。

——《荀子》

人生自古谁无死？留取丹心照汗青。

——文天祥

你若要喜爱你自己的价值，你就得给世界创造价值。

——[德] 歌德

人生的价值，并不是用时间，而是用深度去衡量的。

——[俄] 列夫·托尔斯泰

第二章

追求远大理想　坚定崇高信念

学习目标

- ☆ 理解理想信念的内涵与特征，认识其对大学生成长成才的重要意义。
- ☆ 明确新时代大学生应当确立马克思主义与共产主义的科学信仰，坚定中国特色社会主义的信念和实现中华民族伟大复兴的信心。
- ☆ 辩证看待理想与现实之间的矛盾，认清实现理想的长期性、艰巨性和曲折性，把个人理想与社会理想结合起来，学会在艰苦奋斗中将理想变为现实。
- ☆ 明确新时代大学生肩负的实现中华民族伟大复兴的中国梦的历史重任，为实现中国梦注入青春能量。

学习重点

- ☆ 理解理想信念对大学生成长成才的重要意义。
- ☆ 理解坚定信仰信念信心的必要性。
- ☆ 理解实现个人理想和社会理想的关系。

学习方法

- ☆ 阅读教材和相关资料，理解理想信念的含义和特征。
- ☆ 搜集一些成功者的案例，分析理想信念对其成功的作用。
- ☆ 结合自身情况，树立科学的理想信念。

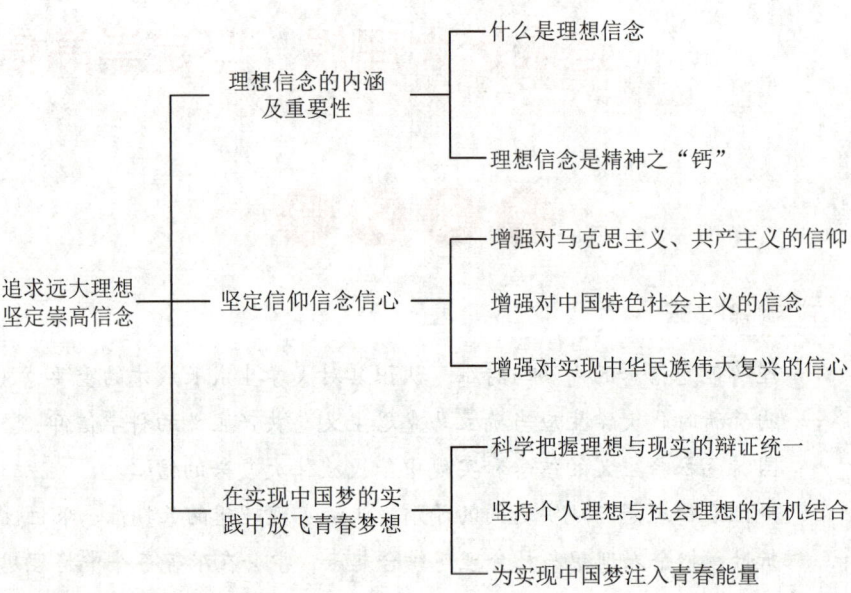

一、理想信念的内涵及重要性

（一）什么是理想信念

1. 理想的内涵与特征

理想是人们在实践中形成的、有实现可能性的、对未来社会和自身发展目标的向往与追求，是人们的世界观、人生观和价值观在奋斗目标上的集中体现。理想是多方面和多类型的，根据不同的标准，可分为个人理想和社会理想、近期理想和远期理想，以及生活理想、职业理想、道德理想和政治理想等。

理想的特征：① 理想具有超越性；② 理想具有实践性；③ 理想具有时代性。

2. 信念的内涵与特征

信念是人们在一定的认识基础上确立的对某种思想或事物坚信不疑并身体

第二章　追求远大理想　坚定崇高信念

力行的精神状态。信念是认知、情感和意志的有机统一体，为人们矢志不渝、百折不挠地追求理想目标提供了强大的精神动力。

信念的特征：① 信念具有执着性；② 信念具有支撑性；③ 信念具有多样性；

（二）理想信念是精神之"钙"

理想指引方向，信念决定成败。理想信念是人生发展的内在动力，主要体现在：① 理想信念昭示奋斗目标；② 理想信念催生前进动力；③ 理想信念提供精神支柱；④ 理想信念提高精神境界；

二、坚定信仰信念信心

（一）增强对马克思主义、共产主义的信仰

1. 为什么要信仰马克思主义

马克思主义是我们认识世界、改造世界的强大思想武器。马克思主义为我们提供了科学的思想方法，正确运用马克思主义，我们在观察事物时就能正确地提出问题、分析问题和解决问题。我们要知道：① 马克思主义是科学的理论，创造性地揭示了人类社会发展规律；② 马克思主义是人民的理论，第一次创立了人民实现自身解放的思想体系；③ 马克思主义是实践的理论，指引着人民改造世界的行动；④ 马克思主义是不断发展的开放的理论，始终站在时代前沿；⑤ 马克思主义是党和人民事业不断发展的参天大树之根本，是党和人民不断奋进的万里长河之泉源。

2. 胸怀共产主义远大理想

共产主义社会是物质财富极大丰富、实现按需分配、人的精神境界极大提高、每个人自由而全面发展的社会。共产主义只有在社会主义社会充分发展和高度发达的基础上才能实现。共产主义是现实运动和长远目标相统一的过程。理想实现的路途是艰难曲折的，共产主义远大理想的实现需要一代又一代人的不懈奋斗和接续努力。

（二）增强对中国特色社会主义的信念

在中国共产党领导下，坚持和发展中国特色社会主义，实现中华民族伟大复

兴，要求我们必须增强对中国特色社会主义的坚定信念。我们要清楚地认识到：① 中国特色社会主义是科学社会主义，而不是其他什么主义；② 中国特色社会主义不是从天上掉下来的，而是中国共产党带领中国人民历经千辛万苦找到的实现中国梦的正确道路；③ 中国共产党领导是中国特色社会主义最本质的特征，是中国特色社会主义制度的最大优势，是党和国家的根本所在、命脉所在，是全国各族人民的利益所系、命运所系。

（三）增强对实现中华民族伟大复兴的信心

实现中华民族伟大复兴，是中华民族近代以来最伟大的梦想；实现中华民族伟大复兴的中国梦是一项光荣而艰巨的事业。

大学生要不断增强中国特色社会主义道路自信、理论自信、制度自信、文化自信，自觉做共产主义远大理想和中国特色社会主义共同理想的坚定信仰者、忠实实践者，为崇高理想信念而矢志奋斗。

三、在实现中国梦的实践中放飞青春梦想

（一）科学把握理想与现实的辩证统一

在追求理想的过程中，需要正确认识理想与现实的关系：① 辩证看待理想与现实的矛盾；② 实现理想的长期性、艰巨性和曲折性；③ 艰苦奋斗是实现理想的重要条件。

（二）坚持个人理想与社会理想的有机结合

个人理想是指处于一定历史条件和社会关系中的个体对于自己未来的物质生活、精神生活所产生的向往和追求。社会理想是指社会集体，乃至社会全体成员的共同理想，即在全社会占主导地位的共同奋斗目标。

个人理想与社会理想不是彼此孤立的，它们之间相互联系、相互影响、相互制约：① 个人理想以社会理想为指引；② 社会理想是个人理想的汇聚和升华。

（三）为实现中国梦注入青春能量

大学生肩负实现中华民族伟大复兴的中国梦的历史重任，只有把实现理想的

第二章　追求远大理想　坚定崇高信念

道路建立在脚踏实地的奋斗上，才能放飞青春梦想，实现人生理想。

为实现中国梦注入青春能量，当代大学生应当：① 立鸿鹄志，做奋斗者；② 心怀"国之大者"，敢于担当；③ 自觉躬身实践，知行合一。

【案例1】

屠呦呦：一生倾情青蒿素

1967 年，越南战争陷入拉锯状态。当时一种瘟疫席卷战区，其杀伤力之大远胜于子弹炸药，造成的非战斗性减员是战斗性减员的 4~5 倍。这种可怕的瘟疫就是疟疾。应越南的请求，在毛泽东与周恩来的指示下，中国军方开始着手进行抗疟药物的研究。

扫一扫

屠呦呦：青蒿济世，科研报国

1967 年 5 月 23 日，国家科学技术委员会和解放军总后勤部在北京召开"抗疟防治药物研究工作协作会议"，代号为"523"项目的大规模药物筛选、研究在全国 7 省市展开。截至 1968 年，参研机构筛选了万余种化合物和中草药，但均未取得理想结果。在这种情况下，1969 年 1 月 21 日，原卫生部中医研究院（现中国中医科学院）受命加入"523"项目。

大学时学习药学、毕业后又脱产学习过两年中医、科研功力扎实的屠呦呦，被委以重任。最初，课题组只有屠呦呦一个人。屠呦呦阅读大量历代中医典籍、查阅群众献方、请教老中医专家……她用 3 个月时间，搜集了包括植物、动物、矿物药在内的 2 000 多个方药，并在此基础上编辑成包含 640 个方药在内的《疟疾单秘验方集》。

此后，屠呦呦以常山、胡椒、青蒿等为主要研究对象，进行重点研究。截至 1971 年 9 月初，她和同事对包括青蒿在内的 100 多种中药水煎煮提物和 200 余个乙醇提物样品进行了各种实验，但都没有得出令人满意的结果。

33

《思想道德与法治》学习与实践指导

"重新埋下头去，看医书！"脾气倔强的屠呦呦又开始用心阅读中医典籍，从中寻找灵感。一天，她在阅读东晋葛洪所著的《肘后备急方》时，被其中的一段话惊醒："青蒿一握，以水二升渍，绞取汁，尽服之。"

看到这里，屠呦呦突然意识到：温度是提取抗疟中草药有效成分的关键！经过周密思考，屠呦呦重新设计了提取方案。她夜以继日地对既往筛选过的重点药物及几十种候补药物进行实验，结果证明：青蒿乙醚提取物去掉其酸性部分，剩下的中性部分抗疟效果最好。

1971年10月4日，在历经数百次的失败后，屠呦呦的研究终于有了好的结果：实验证实，191号青蒿乙醚中性提取物对鼠疟原虫的抑制率达到100%。

2015年10月5日，北京时间17时30分，诺贝尔生理学或医学奖评选委员会秘书乌拉班·伦达尔在瑞典卡罗琳医学院诺贝尔大厅，将2015年诺贝尔生理学或医学奖授予中国女药学家屠呦呦，以及另外两名科学家威廉·坎贝尔和大村智，以表彰他们在寄生虫疾病治疗研究方面取得的成就。

首创性是屠呦呦获得诺贝尔奖最主要的原因。屠呦呦说："作为一名科学工作者，获得诺贝尔奖是一个很高的荣誉。青蒿素研究获奖是当年研究团队集体攻关的结果，是中国科学家集体的荣誉，也标志着中医研究科学得到国际科学界的高度关注和认可，这是中国的骄傲，也是中国科学家的骄傲。"

（资料来源：人民网，有改动）

> **评析** 国家的需要就是青年人的需要，把个人的命运与国家、人民的命运联系在一起，把个人理想融入社会理想之中，在为现实社会理想而奋斗的过程中实现个人理想，是大学生成长成才的必由之路。屠呦呦在选择大学专业时选了生药学专业，这是她的个人理想；毕业后，由于国家的需要，屠呦呦被分配到中医研究院工作，并承担起了抗疟药研究的重任，她的个人理想服从了社会理想，把实现理想的道路建立在脚踏实地的奋斗上，最终实现了人生理想。

第二章 追求远大理想 坚定崇高信念

【案例2】

火箭心脏"钻刻师"何小虎

嫦娥揽月、北斗组网、天问奔火……每一次脚踏实地的航天实践，都让我们离星辰大海的梦想更近一步。我国航天事业的累累硕果，离不开一代代航天人的辛勤努力和接续奋斗。被称为火箭心脏"钻刻师"的何小虎，正是其中一员。在他的成长历程中，我们看见当代中国青年用奋斗书写的新时代答卷。

发动机被称为火箭的心脏。何小虎一直从事着液体火箭发动机相关零部组件的机械加工工作。他凭借扎实的技术和刻苦钻研的精神，主动承担并出色完成了以探月工程、载人航天工程为代表的各型号液体火箭发动机涡轮泵、燃烧室等关键精密零部组件的机械加工任务，为我国航天强国建设贡献了力量。

火箭心脏"钻刻师"何小虎：
从航天"打工人"到大国工匠

1986年出生的何小虎来自陕北延安一个普通的农村家庭，2010年他从陕西工业职业技术学院毕业后，以实操第一名的成绩被中国航天科技集团第六研究院7103厂录用。何小虎从事的机械加工工作十分枯燥，很多时候一个动作就要重复好几百遍。但正是在一次次的枯燥重复中，何小虎夯实了基本功，为技能精进打下了坚实基础，逐渐从一名普普通通的学徒工成长为技术精湛的航天工匠。

"我深刻体会到，从'中国制造'升级为'中国智造'，依然有一段很长的路要走，我会一直磨砺技能，以工匠之心，苦干实干，实现智造梦。"何小虎说。何小虎是这样说的，也是这样做的。在某型号液体火箭发动机的研制过程中，有项关键部件的加工精度要求极高，公差仅为0.008毫米，相当于头发丝的1/10。即使是高级技师加工，合格率也只能达到20%，这严重影响了产品的交付周期。为了突破加工瓶颈，何小虎主动请命拿下这个难啃的"硬骨头"。经过半个多月的查阅资料、摸索、试车，他提出了"极限加工稳定性控制法"的加工概念，这一思路完全颠覆了传统的加工方法，开创了超精密加工的新方法，使得第一批次试加工的合格率直接提升到了100%。

在工作的过程中，何小虎把创新思维深深植入血液里。多年来，他先后解决

35

了65项液体火箭发动机精密零件的加工难题。他独创的微小孔高效加工法、首件标定参数法等方法在天问一号、北斗组网、探月工程等国家重大项目中均作出了突出贡献。此外，他还获得了多项发明专利和实用新型专利授权。2017年，何小虎荣获"全国技术能手"称号，2020年获得"全国向上向善好青年""全国青年岗位能手""陕西产业工匠""西安市劳动模范"等多项荣誉，2021年他又获得了第25届"中国青年五四奖章"。

何小虎说："荣誉越高、责任越大，我会永远跟党走，把自己的人生理想与航天梦、强军梦、中国梦结合，做航天精神、劳模精神、工匠精神的践行者。今后，我将继续脚踏实地，开拓进取，以更加优异的成绩，为祖国献智献力。"

（资料来源：《陕西日报》，有改动）

评析 何小虎为了祖国的航天事业潜心钻研技能，攻克一个又一个技术难关，勇做奋进者、开拓者、奉献者、创新者，在奋斗追梦的路上步履不停，将自己的人生理想、价值追求融入党和国家的事业之中，在奋斗中增长才干、实现人生价值、升华理想境界，生动展现了新时代青年的风采。

大学生应自觉肩负历史使命，立为国奉献之志，立为民服务之志，志存高远、脚踏实地、埋头苦干，充分展现自己的抱负和激情，在实干中成就一番事业，在为祖国和人民的真诚奉献中使青春更加绚丽多彩。

习题演练

一、单项选择题

1. 理想信念是人类特有的一种（　　）。

   A. 物质现象　　　　　　B. 精神现象
   C. 文化现象　　　　　　D. 经济现象

2. 处于不同社会发展阶段的人们，对社会发展规律认识和把握的深度与广度不同，所形成的理想也必然不同。这体现了理想具有（　　）。

   A. 阶级性　　B. 预见性　　C. 时代性　　D. 主观性

第二章 追求远大理想 坚定崇高信念

3. 人的精神世界的核心、人的精神世界的"钙"指的是（　　）。

   A．理想信念　　　　　　B．民族精神

   C．公民道德　　　　　　D．社会主义荣辱观

4. 下列选项中，对信念的解释正确的是（　　）。

   A．对事物的正确认识

   B．认识、情感和意志的有机统一体

   C．一种单纯的知识或想法

   D．调整人与人之间关系的准则

5. 中国共产党从成立之日起，就确立了（　　）的远大理想，始终团结带领中国人民朝着这个伟大理想前行。

   A．理想主义　　　　　　B．社会主义

   C．共产主义　　　　　　D．马克思主义

6. 信念最集中、最高的表现形式是（　　）。

   A．信仰　　B．理想　　C．志向　　D．意志

7. 理想和现实的统一性表现在（　　）。

   A．理想就是现实

   B．有了坚定的信念，理想就能变为现实

   C．现实是理想的基础，理想是现实的未来

   D．理想总是美好的，而现实中既有美好的一面，也有丑陋的一面

8. 如果说，现实是此岸，理想是彼岸，那么，联系两者的桥梁是（　　）。

   A．智慧　　B．实践　　C．能力　　D．勤奋

9. "樱桃好吃树难栽，不下功夫花不开。"理想是美好的，令人向往的，但理想不可能自动实现。把理想变为现实的根本途径是（　　）。

   A．勇于实践艰苦奋斗　　B．认真学习科学理论

   C．逐步确立坚定信念　　D．大胆畅想美好未来

10. 信念是一个人经受实践考验而始终坚守理想的精神力量。这体现了信念具有（　　）。

    A．执着性　　　　　　　B．多样性

    C．支撑性　　　　　　　D．预见性

11. 从本质上讲，理想和信念都是人类在（   ）基础上产生的一种特殊的社会意识和精神现象。

  A. 思想发展   B. 社会实践

  C. 科学研究   D. 哲学思维

12. 科学的信念会成为人们追求理想目标的强大动力，这是因为（   ）。

  A. 科学的信念是调整人们社会行为关系的基本准则

  B. 只要确立了科学的信念，理想就一定能够成为现实

  C. 科学的信念是以对事物发展规律的正确认识为基础的

  D. 只有科学的信念才能表达一种真诚信服与坚决执行的态度

13. 人们在一定的认识基础上确立的、对某种思想或事物坚信不疑并身体力行的态度是（   ）。

  A. 信念 B. 理想 C. 意志 D. 情感

14. 当个人理想与社会理想发生矛盾时，我们应该（   ）。

  A. 使个人理想服从社会理想

  B. 在社会理想中实现个人理想

  C. 用个人理想改造社会理想

  D. 在个人理想中实现社会理想

15. 一个人如果没有崇高理想或者缺乏理想，就会像一艘没有舵的船，随波逐流，难以顺利到达彼岸。这主要说明了理想是（   ）。

  A. 人们对某种思想理论所抱有的坚定不移的观念

  B. 人们的主观意志和想当然

  C. 人生的指路明灯

  D. 人们对未来缺乏客观根据的现象

16. （   ）是实现理想的重要条件。

  A. 自立自强   B. 艰苦奋斗

  C. 坚持不懈   D. 吃苦耐劳

17. （   ）是党和人民历经千辛万苦、付出巨大代价才取得的根本成就。

  A. 中国特色社会主义 B. 共产主义

  C. 社会主义   D. 马克思主义

18. 从理想的角度看,"得其大者可以兼其小"的含义主要指（　　）。

   A．理想要与现实结合

   B．要在实践中实现理想

   C．要把人生理想融入国家和民族的事业中

   D．理想要与自身实际结合

19. 下列选项中,表现了中国古人对理想的不懈追求的是（　　）。

   A．不义而富且贵,于我如浮云

   B．为天地立心,为生民立命,为往圣续绝学,为万世开太平

   C．自天子以至于庶人,壹是皆以修身为本

   D．见贤思齐,见不贤而内省

20. 中华民族近代以来最伟大的梦想是实现（　　）。

   A．大同社会　　　　　B．小康社会

   C．和谐社会　　　　　D．中华民族伟大复兴

21. （　　）既是党和人民事业不断发展的参天大树之根本,也是党和人民不断奋进的万里长河之泉源。

   A．共产主义　　　　　B．社会主义

   C．马克思主义　　　　D．中国特色社会主义

二、多项选择题

1. 个人理想和社会理想是辩证统一的,主要表现在（　　）。

   A．社会理想决定、制约着个人理想

   B．个人理想决定、制约着社会理想

   C．社会理想是个人理想的汇聚和升华

   D．个人理想是社会理想的汇聚和升华

2. 下列选项中,关于理想与信念的关系,说法正确的有（　　）。

   A．理想是信念所指的对象,信念是理想实现的保障

   B．离开理想,信念无从产生

   C．离开信念,理想寸步难行

   D．理想和信念是可以分割开的

3. 下列选项中，关于马克思主义的说法，正确的有（　　）。
    A．马克思主义是科学理想信念的基础
    B．马克思主义创立了人民实现自身解放的思想体系
    C．马克思主义是认识世界、改造世界的强大思想武器
    D．马克思主义具有与时俱进的理论品格和持久的生命力

4. 共产主义社会是物质财富极大丰富、实现按需分配、人的精神境界极大提高、每个人自由而全面发展的社会。关于共产主义的认识，正确的有（　　）。
    A．共产主义是现实运动和长远目标相统一的过程
    B．共产主义远大理想既是面向未来的，又是指向现实的
    C．共产主义理想离现实太遥远，是无法实现的
    D．共产主义远大理想的实现需要一代又一代人付出艰苦的努力

5. 实现理想的根本途径有（　　）。
    A．勇于实践　　　　　　　B．坚定信念
    C．艰苦奋斗　　　　　　　D．自力更生

6. 理想信念是精神之"钙"，表明了理想信念（　　）。
    A．昭示奋斗目标　　　　　B．提高精神境界
    C．催生前进动力　　　　　D．提供精神支柱

7. 为实现中国梦注入青春能量，当代大学生就要做到（　　）。
    A．立鸿鹄志，做奋斗者　　B．自觉躬身实践，知行合一
    C．社会理想服从个人理想　D．心怀"国之大者"，敢于担当

8. 理想实现的过程具有（　　）。
    A．复杂性　　　　　　　　B．长期性
    C．曲折性　　　　　　　　D．艰巨性

9. 俄国著名作家尼古拉·车尔尼雪夫斯基曾说："人的活动如果没有理想的鼓舞，就会变得空虚而渺小。"这句名言告诉我们（　　）。
    A．理想指引人生的奋斗目标
    B．理想催生人生的前进动力
    C．理想提升人生的精神境界
    D．理想只是人们的主观意志

第二章　追求远大理想　坚定崇高信念

10. 2012年11月17日，习近平总书记在十八届中共中央政治局第一次集体学习时指出："理想信念就是共产党人精神上的'钙'，没有理想信念，理想信念不坚定，精神上就会'缺钙'，就会得'软骨病'。"这说明（　　）。

    A. 理想信念源于现实，又高于现实

    B. 理想信念具有高于一般认识的稳定性

    C. 理想信念一旦形成就不会改变，稳定性是绝对的

    D. 理想信念是人的精神支柱

11. 信念作为人类特有的精神现象，其特征有（　　）。

    A. 执着性　　　　　　　B. 偏执性

    C. 多样性　　　　　　　D. 支撑性

12. 理想是人们在实践中形成的、有实现可能性的、对未来社会和自身发展目标的向往与追求，其特征有（　　）。

    A. 超越性　　　　　　　B. 实践性

    C. 时代性　　　　　　　D. 主动性

13. 中国特色社会主义不是从天上掉下来的，而是中国共产党带领人民历经千辛万苦找到的实现中国梦的正确道路。改革开放以来我们取得一切成绩和进步的根本原因，归结起来就是（　　）。

    A. 开辟了中国特色社会主义道路

    B. 形成了中国特色社会主义理论体系

    C. 确立了中国特色社会主义制度

    D. 发展了中国特色社会主义文化

14. 大学生要牢固确立在中国共产党领导下走中国特色社会主义道路、为实现中华民族伟大复兴而奋斗的共同理想和坚定信念。关于社会主义，理解正确的有（　　）。

    A. 中国特色社会主义是科学社会主义，而不是其他什么主义

    B. 中国特色社会主义是改革开放以来党的全部理论和实践的主题

    C. 中国特色社会主义，既坚持了科学社会主义基本原则，又根据时代条件赋予其鲜明的中国特色

    D. 在当代中国，坚持中国特色社会主义，就是真正坚持科学社会主义

三、简答题

1. 谈谈理想信念对大学生成长成才的重要意义。

2. 结合自身实际，谈谈为什么要坚定信仰信念信心。

3. 从个人理想与社会理想辩证关系的角度，谈谈大学生在实现中华民族伟大复兴过程中应当肩负的责任。

四、分析题

2012年11月29日，习近平总书记在参观国家博物馆《复兴之路》展览后指出："每个人都有理想和追求，都有自己的梦想。现在，大家都在讨论中国梦，我以为，实现中华民族伟大复兴，就是中华民族近代以来最伟大的梦想。这个梦想，凝聚了几代中国人的夙愿，体现了中华民族和中国人民的整体利益，是每一个中华儿女的共同期盼。历史告诉我们，每个人的前途命运都与国家和民族的前途命运紧密相连。国家好，民族好，大家才会好。实现中华民族伟大复兴是一项光荣而艰巨的事业，需要一代又一代中国人共同为之努力。空谈误国，实干兴邦。我们这一代共产党人一定要承前启后、继往开来，把我们的党建设好，团结全体中华儿女把我们国家建设好，把我们民族发展好，继续朝着中华民族伟大复兴的目标奋勇前进。"

请根据上述材料谈谈如何处理好个人理想和社会理想的关系，以及如何实现理想信念。

实践一："理想信念对大学生成长成才的重要意义"讨论活动

【实践目的】

通过讨论，深入思考理想信念，分析理想信念对于大学生成长成才的重要意义。

【实践方案】

时间：45分钟。

地点：教室。

参与人：学生、教师。

流程：

（1）教师组织学生分组，5人一组，设组长一名，记录员一名。

（2）组长明确讨论的主题和方向。

（3）第一次发言：从组长起依次发言，说说大学生应有的理想信念。每个人发言时间不超过3分钟，由记录员控制发言时间，并记录发言内容。

（4）第二次发言：每个人结合具体实例说说理想信念对大学生的成长成才有何重要意义。每个人发言时间不超过2分钟，由记录员控制发言时间，并记录发言内容。

（5）发言完毕后，每组成员在记录的基础上进行交流讨论，并总结讨论结果。

（6）各组组长上台陈述本组讨论结果，并做简要说明。

【实践成果】

明确树立理想信念的重要性，以及其对大学生成长成才的重要意义。

实践二："时代·人生·理想"主题演讲比赛

【实践目的】

通过演讲比赛，明确"时代·人生·理想"三者之间的关系，并确立自己的个人理想。

【实践方案】

地点：教室。

参与人：学生、教师。

流程：

（1）教师讲明此次演讲比赛的目的。

（2）每位同学以"时代·人生·理想"为主题写一篇关于自己个人理想的演讲稿。

（3）每位同学依次上台进行演讲，其他同学认真观看，并做记录。

（4）待所有同学演讲完毕后，全班同学进行投票，选出自己认为较好的三位同学。

（5）教师对投票进行汇总，宣布前三名，并对此次演讲比赛进行评价、总结。

【实践成果】

形成"时代·人生·理想"演讲稿。

一、精选阅读

坚定理想信念培育有为青年
——深入学习习近平总书记教育思想

历史经验表明，理想信念是养育一个民族精气神的"钙片"，是养成一个时代良好风尚的灵魂，有了理想信念，这个民族就有了不竭的奋斗意志，就会形成昂扬向上的精神风貌。中国共产党之所以取得辉煌成就，最根本的原因就是坚持了为共产主义奋斗终身的远大理想，弘扬和巩固了建设社会主义的共同理想，正是这种理想信念鼓舞了全党同志带领全国各族人民走上了民族复兴之路。

筑牢根基，树立为实现"两个一百年"奋斗目标和中国梦奋斗的理想信念

在迈向伟大复兴的征程中，青年是历史的重要一环，青年胸怀理想信念是实现中华民族伟大复兴的重要保障。2015年5月4日，习近平总书记在北京大学师生座谈会上指出："我们比历史上任何时期都更接近实现中华民族伟大复兴的目标，比历史上任何时期都更有信心、更有能力实现这个目标。行百里者半九十。距离实现中华民族伟大复兴的目标越近，我们越不能懈怠、越要加倍努力，越要动员广大青年为之奋斗。"

青春要用来奋斗，青年是人一生中最富有朝气、最富有梦想的阶段。鸦片战争以来，面对列强坚船利炮的肆意欺凌，面对日趋崩溃沉沦的中国社会，有为青年始终与中华民族同呼吸、共命运。在思想启蒙年代，广大青年最先接受救国救民的新思想新主义，积极传播爱国进步、民主科学的启蒙精神，促进了马克思主义在中国的传播，推动了中国共产党的建立。在革命战争年代，广大青年满怀革命理想，为争取民族独立、人民解放冲锋陷阵、抛洒热血。在社会主义建设时期，广大青年响应党的号召，向困难进军，向荒原进军，保卫祖国，建设祖国，在新中国的广阔天地忘我劳动、艰苦创业。在改革开放新时期，广大青年发出团结起来、振兴中华的时代强音，为祖国繁荣富强开拓奋进、锐意创新，积极为实现中华民族的伟大复兴，不懈奋斗、砥砺前行。

历史和现实一再证明，青年兴则国家兴，青年强则国家强。青年一代有理想、有担当，国家就有前途，民族就有希望，实现中华民族伟大复兴中国梦的历史目标就有源源不断的强大力量。

伴随改革开放近四十年来的持续深入推进，中国与世界的交流交往日趋紧密，不同文明之间发生相互碰撞，各种社会文化思潮竞相涌入，风格迥异的生活方式、花样翻新的价值观念，不断冲击着社会主义的主流价值观。同时，经济全球化加剧了跨国资本伴随文化思潮及其产品的渗透。在世俗化浪潮下，物质主义盛行，个人主义至上，消费主义风靡，娱乐主义肆虐。资本与金钱不仅挑战与解构了西方基督教价值观的神圣性和道德性，也对社会主义以道义为先、集体至上和人民为本的核心价值观构成了严峻挑战。同时，社会主义市场经济体制的确立，为中国社会注入了新的发展动能与活力，大大激发了社会生产力。但伴随社会结构的分化，形成了多元化的社会利益格局，利益的多元化必然导致思想上的多元主义，各种思想主张为了赢得支持，很容易激进，甚至走向极端化。这些都会对青年的世界观、人生观、价值观产生重大而深刻的影响，如何培养有为青年是对党的执政能力的重大考验。事实上，与过去时代相比，当代青年面对着更复杂多变的社会、更丰富多样的生活、更加激荡的多元文化思潮，更需从思想上坚定理想信念。

2013年6月20日，习近平总书记在同团中央新一届领导班子集体谈话时指出："青年时代树立正确的理想、坚定的信念十分紧要，不仅要树立，而且要在心中扎根，一辈子都能坚持为之奋斗。这样的有志青年，成千上万这样的有志青年，正是党、国家、人民所需要的。"

坚定理想信念培育有为青年，要使青年在思想上筑牢理想信念的根基。

古人云："从其大体为大人，从其小体为小人。"理想指引人生方向，信念决定事业成败。没有理想信念，就会导致精神上"缺钙"。青年时代的马克思就树立了"为人类而工作"的理想信念，一生坚定而执着，并为之奋斗终生。

第二章 追求远大理想 坚定崇高信念

孔子亦是在青年时代"十有五而志于学",宋代大思想家朱熹对此曾这样解释,"心之所之谓之志。此所谓学,即大学之道也"。大学之道即"在明明德,在亲民,在止于至善"。可见孔夫子一生都心系天下苍生,始终追求"老者安之,朋友信之,少者怀之""庶民、富民、教民"的社会政治理想。中华人民共和国成立后,毛泽东同志对青年时代的理想信念铭记在心:"我们青年的责任真是重大,我们应该做的事情真多,要走的道路真长。从那时候起,我就决心要为全中国痛苦的人,全世界痛苦的人贡献自己的全部力量。"可见,伟大的人物之所以伟大,就在于从青年时代起就树立了远大的理想、坚定的信念,唯此心中才会充满力量,前行才能风雨无阻,无论遇到多大的艰难困苦,都会充满斗志、矢志不渝。

树立什么样的理想信念至关重要。2013年5月4日,习近平总书记在同各界优秀青年代表座谈时指出,中国梦是全国各族人民的共同理想,也是青年一代应该牢固树立的远大理想。中国特色社会主义是我们党带领人民历经千辛万苦找到的实现中国梦的正确道路,也是广大青年应该牢固确立的人生信念。当今中国最鲜明的时代主题就是,实现"两个一百年"奋斗目标、实现中华民族伟大复兴的中国梦。中国共产党领导人民所开辟的中国特色社会主义道路正在成功引领中国梦的实现,这为广大青年建功立业提供了广阔舞台,使广大青年梦想成真有了光明前景。因此,广大青年要不断增强道路自信、理论自信、制度自信、文化自信,增强对坚持党的领导的信念,高举中国特色社会主义伟大旗帜,勇于肩负起中华民族赋予的神圣使命,勇敢担当起伟大时代赋予的历史重任。广大青年要自觉把个人的理想追求融入国家民族的伟大事业,勇做走在时代前列的开拓者、奋进者,在激情奋斗中绽放青春光芒,谱写无愧于伟大时代的青春之歌。

本领过硬,在建设社会主义现代化国家的征途上熔铸理想信念

广大青年要把理想信念熔铸在增强奋发有为的真本领上。

2014年5月4日,习近平总书记在与北京大学师生代表座谈时指出,建设富强民主文明和谐的社会主义现代化国家,实现中华民族伟大复兴,是鸦片战争以来中国人民最伟大的梦想,是中华民族的最高利益和根本利益。今天,我们13亿多人的一切奋斗归根到底都是为了实现这一伟大目标。伟大民族复兴目标的实现,需要有坚定理想信念、在努力学习中成才的奋发有为的青年。

《思想道德与法治》学习与实践指导

古人教导我们："非学无以成才，非志无以成学。"学习是成长进步的阶梯，实践是提高本领的途径。青年一代的综合素质、精神状态，是一个民族蓬勃生命力的时代表征，也是构成一个国家核心竞争力的重要因素。2013年5月4日，习近平总书记在同各界优秀青年代表座谈时指出，广大青年一定要练就过硬本领。中华民族伟大复兴中国梦的实现，必须依靠有真才实学的社会主义有为青年。广大青年要从根本上树立梦想从学习开始、事业靠本领成就的人生信念，让勤奋学习成为筑梦青春的支撑，使增长本领成为回忆青春的骄傲。人生只有一次，青春就此一回，青年时代正是学习的黄金时期，应该把学习作为一种使命、一种责任、一种兴趣，注入充满激情与理想的青春岁月之中，融化于正在开展社会主义伟大建设事业的中华大地之上，如革命先驱李大钊所说："以青春之我，创建青春之家庭，青春之国家，青春之民族，青春之人类，青春之地球，青春之宇宙，资以乐其无涯之生。"因此，青年要如海绵汲水般汲取知识，既要惜时如金、孜孜不倦，又要戒骄戒躁、虚怀若谷，多下苦功、多读经典。

2016年12月，习近平总书记在全国高校思想政治工作会议上强调，要坚持不懈传播马克思主义科学理论，抓好马克思主义理论教育，为学生一生成长奠定科学的思想基础。青年人学习首先要主动扎实地学习马克思主义经典著作，特别是贯彻其中的立场、观点和方法，这样才能深刻认识到人类社会的发展规律，才能始终坚定理想信念，才能在纷繁复杂的局面下坚持科学理论指导。

2013年5月4日，习近平总书记在同各界优秀青年代表座谈时指出，广大青年要坚持用邓小平理论、"三个代表"重要思想、科学发展观武装头脑，把理想信念建立在对科学理论的理性认同上，建立在对历史规律的正确认识上，建立在对基本国情的准确把握上，不断增强道路自信、理论自信、制度自信，增强对坚持党的领导的信念，永远紧跟党，高高举起中国特色社会主义伟大旗帜。

同时，在全球化知识信息时代，青年也要有时不我待的紧迫感，既打牢理论功底又及时更新知识，不断提高与时代发展和事业要求相适应的素质和能力。

"纸上得来终觉浅，绝知此事要躬行。"广大青年既要多读有字之书，又要多行万里之路，理论必须与实践相结合，到基层去、到西部去、到祖国最需要的地方去，通过丰富的社会生活实践，来磨炼人生，来增长知识和本领，为自己成为奋发有为的青年夯实基础。2017年5月3日，习近平总书记在中国政法大学考察时指出："青年时期是培养和训练科学思维方法和思维能力的关键时期，无论

第二章　追求远大理想　坚定崇高信念

在学校还是在社会，都要把学习同思考、观察同思考、实践同思考紧密结合起来，保持对新事物的敏锐，学会用正确的立场观点方法分析问题，善于把握历史和时代的发展方向，善于把握社会生活的主流和支流、现象和本质。"

付诸实践，在历练中磨炼人生意志、砥砺理想信念

广大青年要把理想信念付诸实践，在历练中磨炼人生意志，并反复砥砺理想信念。

"宝剑锋从磨砺出，梅花香自苦寒来。"2013年5月4日，习近平总书记在同各界优秀青年代表座谈时指出："人类的美好理想，都不可能唾手可得，都离不开筚路蓝缕、手胼足胝的艰苦奋斗。"

列宁曾言："无论是脱离生产劳动的教学和教育，或是没有同时进行教学和教育的生产劳动，都不能达到现代技术水平和科学知识现状所要求的高度。"即强调教育必须与社会生产实践相结合，做到学用一致。明代大思想家王阳明在回答门人弟子的困惑时，也曾深刻地指出："人须在事上磨炼做功夫乃有益。若只好静，遇事便乱，终无长进。那静时功夫亦差似收敛，而实放溺也。"人的精神意志力不是凭空产生的，必须通过具体丰富的社会生产实践，处处在事上磨炼，砥砺前行。《习近平的七年知青岁月》备受干部群众欢迎，该书生动再现了习近平总书记在梁家河长达7年知青岁月的真实细节与艰苦生活。所谓天降大任，必先"苦其心志，劳其筋骨，饿其体肤，空乏其身，行拂乱其所为"，习近平总书记这7年的精神意志历练过程，让人深受感动、备受教育，这为当代青年树立理想、坚定信念，从小立志成才提供了生动案例与模范榜样。

邓小平同志对青年寄予厚望，曾语重心长地说："社会主义革命是一场最深刻的、最尖锐复杂的斗争。这里充满着革命和反革命的斗争，进步和落后的斗争，新和旧的斗争。这个斗争要求青年成为是非分明和意志坚强的人。"广大青年必须锤炼百折不挠的意志品质，培养奋勇争先的刚健精神，造就越挫越勇的心理素质，保持乐观向上的人生态度。同时，要保持初生牛犊不怕虎的青春斗志，敢于吃苦，勇于碰硬，甘于奉献，从无到有，从小到大，攻坚克难，淬炼坚强革命意志，努力在伟大的社会主义建设事业中开辟新天地，造就新业绩。正如习近平总书记在中国政法大学考察时所说的，青年在成长和奋斗中，会收获成功和喜悦，也会面临困难和压力。要正确对待一时的成败得失，处优而不养尊，受挫而不短志，使顺境逆境都成为人生的财富而不是人生的包袱。广大青年人人都是一块玉，

要时常用真善美来雕琢自己，不断培养高洁的操行和纯朴的情感，努力使自己成为高尚的人。

一百多年来，中华民族之所以能够实现从站起来、富起来到强起来的一次又一次的历史性飞跃，从国家的积贫积弱一步一步地走到今天的发展繁荣，靠的就是一代又一代人的顽强拼搏，靠的就是中华民族脚踏实地、自强不息的奋斗精神。2013年5月4日，习近平总书记在同各界优秀青年代表座谈时强调："广大青年要牢记'空谈误国、实干兴邦'，立足本职、埋头苦干，从自身做起，从点滴做起，用勤劳的双手、一流的业绩成就属于自己的人生精彩。"因此，广大青年要有逢山开路、遇河架桥的顽强斗争意志，百折不挠、勇往直前，用无愧于青春的坚强意志力成就属于自己的精彩人生。

立德修身，在践行社会主义核心价值观过程中不断升华理想信念

理想信念要体现为立德修身，自觉践行社会主义核心价值观。

古人云："德者，本也。"国无德不兴，人无德不立，道德之于人、之于国家，都是第一位的。德才兼备，必须是以德为先，德为首要、是方向。

青年是开风气之先的鲜活力量。一个民族的文明素养很大程度上体现在青年一代的道德水准和精神风貌上。"富润屋，德润身。"广大青年必须在实践中以德修身养性。毛泽东同志《实践论》的副标题就是"论认识和实践的关系——知和行的关系"，强调的正是知行合一的优秀传统。

青年人立德修身，既要志存高远，又要立足现实。要立志报效祖国、服务人民，这是大德，养大德者方能成大业。同时，不能好高骛远，"能近取譬，可谓仁之方"，还得从身边事做起、从细节着手。

人类社会发展的历史一再证明，对一个民族、国家而言，最持久、最深层的力量还是其社会成员认同的核心价值观。党的十八大以来，我们倡导"富强、民主、文明、和谐，自由、平等、公正、法治，爱国、敬业、诚信、友善"的社会主义核心价值观，这既体现了社会主义本质要求，继承了中华优秀传统文化，也吸收了世界文明有益成果，体现了时代精神。

广大青年要自觉树立和践行社会主义核心价值观，带头倡导良好社会风气。2013年5月4日，习近平总书记在同各界优秀青年代表座谈时要求广大青年"自觉树立和践行社会主义核心价值观，带头倡导良好社会风气。要加强思想道德修养，自觉弘扬爱国主义、集体主义、社会主义思想，积极倡导社会公德、职业道

第二章　追求远大理想　坚定崇高信念

德、家庭美德。要牢记'从善如登，从恶如崩'的道理，始终保持积极的人生态度、良好的道德品质、健康的生活情趣。要倡导社会文明新风，带头学雷锋，积极参加志愿服务，主动承担社会责任，热诚关爱他人，多做扶贫济困、扶弱助残的实事好事，以实际行动促进社会进步"。

2014年5月4日，习近平总书记与北京大学师生代表座谈时，一方面充分肯定了北京大学"爱国、进步、民主、科学"的"五四"精神，另一方面强调社会主义核心价值观的重要性，提出了"勤学""修德""明辨""笃实"的"八字要求"，勉励广大青年牢固树立社会主义核心价值观，做学习和践行的表率。他说："这就像穿衣服扣扣子一样，如果第一粒扣子扣错了，剩余的扣子都会扣错。人生的扣子从一开始就要扣好。"

广大青年要立德修身，自觉践行社会主义核心价值观，青年的老师也要有理想信念。2014年9月9日，习近平总书记在与北京师范大学师生代表座谈时指出了好教师的"四有"标准，其中第一条就是"做好老师，要有理想信念"。习近平总书记指出："正确理想信念是教书育人、播种未来的指路明灯。"好老师心中要有国家和民族，要明确意识到肩负的国家使命和社会责任。2016年12月，习近平总书记在全国高校思想政治工作会议上强调："传道者自己首先要明道、信道。"要求广大教师以德立身、以德立学、以德施教。

广大青年要把正确的道德认知、自觉的道德养成、积极的道德实践紧密结合起来，自觉树立和践行社会主义核心价值观，弘扬向上向善的社会风气；时时牢记习近平总书记的嘱托，以奋发有为的意志弘扬理想信念，以青春书写激情奋斗的人生，展现顽强拼搏的青春，恪守为人民奉献的青春，这样的人生才会留下充实、温暖、持久、无悔的青春回忆。唯此，才是古老而年轻的中国，才是行进在伟大复兴途中的当代有为青年。

（资料来源：《中国教育报》2017年9月28日01版，有改动）

阅读感言

《思想道德与法治》学习与实践指导

理想信念是新时代青年最宝贵的精神财富

中国共产党带领全国人民在革命、建设、改革的进程中，不断克服着各种各样的困难，之所以能够取得胜利，无不是因为坚持了理想信念。作为人心灵世界的核心，理想信念是人们在一定的认识基础上，对某种思想、理论和事业所抱的坚定不移的观念并身体力行的心理态度和精神状态，是人们的世界观、人生观、价值观在奋斗目标上的集中体现。理想信念对人生历程起着导航作用，一旦确立就可以使人的方向明确、精神振奋、百折不挠、坚定执着。

新时代检验一个党员干部是否有理想信念，主要看其是否能在重大政治考验面前有政治定力，是否能树立牢固的宗旨意识，是否能对工作极端负责，是否能做到吃苦在前、享受在后，是否能在急难险重任务前勇挑重担，是否能经得起权力、金钱、美色的诱惑。其实，这些标准也同样适用于青年。理想信念是新时代青年最宝贵的精神财富。面对前进道路中的一切困难、挑战和问题，新时代青年只有用习近平新时代中国特色社会主义思想武装头脑，打牢思想理论根基，用理想信念铸牢斗争之魂，才能践行好初心使命，做到"弄潮儿向涛头立"。

坚定理想信念，新时代青年要坚定马克思主义的信仰。2016年7月1日，习近平总书记在庆祝中国共产党成立95周年大会上指出："理论上清醒，政治上才能坚定。坚定的理想信念，必须建立在对马克思主义的深刻理解之上，建立在对历史规律的深刻把握之上。"在坚定理想信念中，排在第一位的是对马克思主义的信仰。我们坚定理想信念，是因为我们追求的是真理，遵循的是规律，代表着最广大人民群众根本利益。学习马克思主义基本理论是共产党人的必修课，也是新时代青年的必修课。只有深刻认识"马克思主义为什么行"，才能真正坚定理想信念。

坚定理想信念，新时代青年要坚定对共产主义和社会主义的信念。现阶段，我们的共同理想是建成富强、民主、文明、和谐、美丽的社会主义现代化强国。长远来看，最高理想和最终目标是实现共产主义，二者是辩证统一的。只有在社会主义社会充分发展和高度发达的基础上才能实现共产主义最高理想。因此，尽管处于社会主义初级阶段，我们仍然不能忘记实现共产主义的最高奋斗目标。只有一代代青年爱党、爱国、爱社会主义，一步一个脚印地为实现现阶段的共同理想而努力，才能经过漫长的历史过程而最终实现共产主义。

第二章　追求远大理想　坚定崇高信念

坚定理想信念，新时代青年要坚定中国特色社会主义道路自信、理论自信、制度自信和文化自信。理想信念是中国特色社会主义道路、理论、制度、文化形成和发展的精神支撑和动力来源。正是因为有了理想信念，我们才更加坚信中国特色社会主义道路是实现社会主义现代化、创造人民美好生活的必由之路，中国特色社会主义理论体系是指引中华民族实现伟大复兴的正确理论，中国特色社会主义制度是具有鲜明中国特色、明显制度优势、强大自我完善能力的先进制度；才更加笃定地坚持和发展中国特色社会主义，矢志不渝地做社会主义事业的建设者和接班人。

为者常成，行者常至。只要我们胸怀党和人民，补足精神之钙、勇担青年使命、立志成长成才，从自己做起，从现在做起，就一定能乘着新时代的春风放飞青春梦想！

（资料来源：《中国青年报》，有改动）

阅读感言

青年始终是实现中华民族伟大复兴的先锋力量

2021年7月1日，习近平总书记在庆祝中国共产党成立100周年大会上的重要讲话中指出，"未来属于青年，希望寄予青年""新时代的中国青年要以实现中华民族伟大复兴为己任，增强做中国人的志气、骨气、底气，不负时代，不负韶华，不负党和人民的殷切期望"。作为实现中华民族伟大复兴的先锋力量，广大青年要坚定理想信念，培育高尚品格，练就过硬本领，勇于创新创造，矢志艰苦奋斗，同亿万人民一道，在矢志奋斗中谱写新时代的青春之歌。

青年是整个社会力量中最积极、最有生气的力量。青年一代有理想、有本领、有担当，国家就有前途，民族就有希望。一百年前，一群新青年高举马克思主义思想火炬，在风雨如晦的中国苦苦探寻民族复兴的前途。一百年来，在中国共产党的旗帜下，一代代中国青年把青春奋斗融入党和人民事业，成为实现中华民族伟大复兴的先锋力量。代表广大青年、赢得广大青年、依靠广大青年是我们党不断从胜利走向胜利的重要保证。

回顾中国共产党走过的一百年历程，中国青年作为中国革命、建设、改革事业的生力军，始终站在时代前沿，勇担历史使命，积极投身党领导的革命、建设、改革事业，一代又一代接续奋斗，把最美好的青春献给祖国和人民，谱写了一曲又一曲壮丽的青春之歌。一百年来，我们党取得的所有成就都凝聚着青年的热情和奉献。

在革命、建设、改革各个历史时期，我们党始终关心青年成长成才，坚定青年理想信念、不断用党的创新理论武装青年。

我们党向来关心、帮助青年的成长，赋予青年重大的使命，给予青年发展的舞台。毛泽东同志叮嘱青年要身体好、学习好、工作好。邓小平同志强调，一定要真正把优秀的中青年干部提拔上来。2016年7月1日，习近平总书记在庆祝中国共产党成立95周年大会上指出："全党要关注青年、关心青年、关爱青年，倾听青年心声，做青年朋友的知心人、青年工作的热心人、青年群众的引路人。"给青年鼓劲，为青年取得的成绩点赞、喝彩，用真情和关怀把广大青年凝聚在党的周围，增强了青年听党话、跟党走的思想和行动自觉。

崇高的理想信念是点燃青春梦想的火炬，是引领青年开创美好未来的精神支柱。一百年来，我们党始终注重用理想信念的光芒感召青年，坚定青年的远大志向，引领青年积极投身于党领导的革命、建设、改革伟大事业，在伟大征程中英勇战斗、拼搏进取、攻坚克难。习近平总书记在党的十九大报告中指出："广大青年要坚定理想信念，志存高远，脚踏实地，勇做时代的弄潮儿，在实现中国梦的生动实践中放飞青春梦想，在为人民利益的不懈奋斗中书写人生华章。"

党的百年历史，就是不断推进理论创新、进行理论创造的历史。一百年来，我们党坚持解放思想和实事求是相统一、培元固本和守正创新相统一，不断开辟马克思主义新境界。理论创新每前进一步，理论武装就要跟进一步。无论是革命和建设时期，还是改革开放新时期，我们党都重视用马克思主义理论最新成果武装青年，引导青年科学地认识世界，辩证地思考问题，为国家富强、民族振兴而奋斗。中国特色社会主义进入新时代，当代青年要紧跟党的理论创新进程，用习近平新时代中国特色社会主义思想武装头脑，在矢志奋斗中展现青春风采。

第二章　追求远大理想　坚定崇高信念

2019年4月30日,习近平总书记在纪念五四运动100周年大会上指出:"没有广大人民特别是一代代青年前赴后继、艰苦卓绝的接续奋斗,就没有中国特色社会主义新时代的今天,更不会有实现中华民族伟大复兴的明天。"踏上全面建设社会主义现代化国家新征程,当代青年要不断从党的百年历史中汲取奋进新征程的磅礴力量,在中国特色社会主义伟大实践中奋勇搏击,成长为堪当民族复兴重任的时代新人。

中国共产党领导中国人民走过的百年历程,是矢志践行初心使命的一百年,是筚路蓝缕奠基立业的一百年,是创造辉煌开辟未来的一百年。当代青年学习党史,就是要从这座宝库中源源不断地汲取奋进新征程的思想之光、精神之钙、力量之源,坚定理想信念,锤炼过硬品格,实现人生价值。正如习近平总书记所强调的,广大青年要爱国爱民,从党史学习中激发信仰、获得启发、汲取力量,不断坚定"四个自信",不断增强做中国人的志气、骨气、底气,树立为祖国为人民永久奋斗、赤诚奉献的坚定理想。

中国特色社会主义是根植于中国大地、反映中国人民意愿、适应中国和时代发展进步要求的科学社会主义。当今世界正经历百年未有的大变局,我国正处于实现中华民族伟大复兴关键时期。伟大事业吸引青年自觉肩负历史使命、坚定前进信心,立大志、明大德、成大才、担大任,在实现中国梦的伟大实践中勇做奋进者、开拓者、奉献者。

青年兴则国家兴,青年强则国家强。百年来,我们党始终引导青年茁壮成长、担当作为,发挥青年在实现中华民族伟大复兴中的重要作用。广大青年不负重托、不辱使命,用青春和生命诠释对国家民族的深沉之爱,用奋斗和奉献践行历史使命。历史和现实昭示:中国青年是有远大理想抱负的青年,中国青年是有深厚家国情怀的青年,中国青年是有伟大创造力的青年。广大青年深刻了解近代以来中国人民和中华民族不懈奋斗的光荣历史和伟大历程,坚定不移跟党走,一定能够担当起党和人民赋予的历史重任,在激扬青春、开拓人生、奉献社会的进程中书写无愧于时代的壮丽篇章,让青春在为祖国、为民族、为人民、为人类的不懈奋斗中绽放绚丽之花。

(资料来源:《经济日报》,有改动)

《思想道德与法治》学习与实践指导

阅读感言

必须继续推进马克思主义中国化

马克思主义为中国伟大的社会革命提供了强大思想武器，使中国这个古老的东方大国创造了人类历史上前所未有的发展奇迹。实践发展充分证明，历史和人民选择马克思主义是完全正确的，中国共产党把马克思主义写在自己的旗帜上是完全正确的，不断推进马克思主义中国化是完全正确的。今天，马克思主义指引中国成功走上了全面建设社会主义现代化国家的康庄大道，中国共产党人作为马克思主义的忠诚信奉者、坚定实践者，正在为坚持和发展马克思主义、继续推进马克思主义中国化而执着努力。

（一）马克思主义始终是我们党和国家的指导思想，是我们认识世界、把握规律、追求真理、改造世界的强大思想武器。

恩格斯说过："一个民族要想站在科学的最高峰，就一刻也不能没有理论思维。"中华民族要实现伟大复兴，也同样一刻不能没有理论思维。马克思主义始终是我们党和国家的指导思想，是我们认识世界、把握规律、追求真理、改造世界的强大思想武器。

在漫长的历史中，探索历史规律、寻求自身解放的道路，一直是人类孜孜以求的目标。在马克思主义诞生之前，人类的这种探索还处于自发阶段。马克思主义的诞生犹如壮丽的日出，照亮了人类探索前行之路。

马克思主义主要由哲学、政治经济学、科学社会主义三大组成部分构成。这三大组成部分分别来源于德国古典哲学、英国古典政治经济学、法国空想社会主义，然而，最终升华为马克思主义的根本原因，是马克思对所处时代和世界的深入考察，是马克思对人类社会发展规律的深刻把握。马克思主义是科学的理论，它以唯物史观和剩余价值学说，揭示了人类社会发展的一般规律，揭示了资本主义运行的特殊规律，为人类指明了从必然王国向自由王国飞跃的途径。马克思主义是人民的理论，为人民指明了实现自由和解放的道路，第一次站在人民的立场，以科学的理论为最终建立一个没有压迫、没有剥削、人人平等、人人自由的理想社会指明了方向。马克思主义是实践的理论，是为了改变人民历史命运而创立的，是在人民求解放的实践中形成的，也是在人民求解放的实践中丰富和发展的，为人民认识世界、改造世界提供了强大精神力量。马克思主义是不断发展的开放的理论，一部马克思主义发展史就是马克思、恩格斯以及他们的后继者们不断根据时代、实践、认识发展而发展的历史，是不断吸收人类历史上一切优秀思想文化成果丰富自己的历史。

我们党从成立之日起，就鲜明地把马克思主义作为党的思想旗帜、精神旗帜，把共产主义确立为远大理想，把社会主义和共产主义确定为自己的奋斗目标。一百年来，无论是处于顺境还是逆境，我们党从未动摇对马克思主义的信仰。实践证明，马克思主义是中国共产党人理想信念的灵魂，是指导我们改造客观世界和主观世界的锐利思想武器，为增进全党全国各族人民团结统一提供了坚实思想基础，为我们党战胜一个又一个困难、取得一个又一个胜利提供了理论依据和科学指南。中国共产党为什么能，中国特色社会主义为什么好，归根到底是因为马克思主义行。

习近平总书记在党的二十大报告中指出，马克思主义是我们立党立国、兴党兴国的根本指导思想，拥有马克思主义科学理论指导是我们党坚定信仰信念、把握历史主动的根本所在。在新时代新征程上，面对世界风云变幻，面对各种风险挑战，我们必须坚定不移地坚持马克思主义指导地位，任何时候、任何情况下都不能有丝毫动摇。

（二）从中国实际出发、把握历史主动，不断推进马克思主义中国化时代化，指导中国人民不断推进伟大社会革命。

马克思主义并没有结束真理，而是开辟了通向真理的道路。恩格斯深刻指出，"马克思的整个世界观不是教义，而是方法。它提供的不是现成的教条，而是进一步研究的出发点和供这种研究使用的方法"，"马克思主义是一种历史的产物，它在不同的时代具有完全不同的形式，同时具有完全不同的内容"。2018年5月4日，习近平在纪念马克思诞辰200周年大会上的讲话中指出："对待科学的理论必须有科学的态度。"科学社会主义基本原则不能丢，丢了就不是社会主义。同时，科学社会主义也绝不是一成不变的教条。当代中国的伟大社会变革，不是简单延续我国历史文化的母版，不是简单套用马克思主义设想的模板，也不是其他国家社会主义实践的再版，更不是国外现代化发展的翻版。只有把科学社会主义基本原则同本国具体实际、历史文化传统、时代要求紧密结合起来，在实践中不断探索总结，才能把蓝图变为美好现实。

中国共产党是勇于理论创新的党，也是善于理论创新的党。我们党已经走过一百年光辉岁月，这一百年是毫不动摇坚持马克思主义的一百年，也是与时俱进发展马克思主义的一百年。一百年来，我们党坚持把马克思主义基本原理同中国具体实际相结合、同中华优秀传统文化相结合，洞察时代大势，把握历史主动，进行艰辛探索，不断推进马克思主义中国化时代化，指导中国人民不断推进伟大社会革命。

新民主主义革命时期，我们党从中国的历史状况和社会状况出发，深刻研究中国革命的特点和中国革命的规律，发展了马克思列宁主义关于无产阶级在民主革命中的领导权的思想，形成了无产阶级领导的、工农联盟为基础的、人民大众的、反对帝国主义、封建主义和官僚资本主义的新民主主义革命的理论，开辟了农村包围城市、武装夺取政权的道路，创立了毛泽东思想。在科学思想的指引下，我们党团结带领人民浴血奋战、百折不挠，以武装的革命反对武装的反革命，推翻帝国主义、封建主义、官僚资本主义三座大山，建立了人民当家作主的中华人民共和国，实现了民族独立与人民解放。新民主主义革命的胜利，彻底结束了旧中国半殖民地半封建社会的历史，彻底结束了旧中国一盘散沙的局面，彻底废除了列强强加给中国的不平等条约和帝国主义在中国的一切特权，为实现中华民族伟大复兴创造了根本社会条件。

社会主义革命和社会主义建设时期，我们党坚持和发展毛泽东思想，创造性地开辟了一条适合中国特点的社会主义改造道路，从理论和实践上解决了在中国这样一个占世界人口近 1/4 的、经济文化落后的大国建立社会主义制度的艰难任务。在全面的、大规模的社会主义建设中，毛泽东同志将马克思主义基本原理与中国具体实际进行"第二次结合"，提出了一系列关于社会主义建设的重要认识和正确主张。在科学思想的指引下，我们党团结带领人民自力更生、发愤图强，消灭了在中国延续几千年的封建剥削压迫制度，确立社会主义基本制度，推进社会主义建设，战胜帝国主义、霸权主义的颠覆破坏和武装挑衅，实现了中华民族

第二章　追求远大理想　坚定崇高信念

有史以来最为广泛而深刻的社会变革，实现了一穷二白、人口众多的东方大国大步迈进社会主义社会的伟大飞跃，为实现中华民族伟大复兴奠定了根本政治前提和制度基础。

党的十一届三中全会后，我们党坚持解放思想、实事求是、与时俱进、求真务实，不断加深对什么是社会主义、怎样建设社会主义，建设什么样的党、怎样建设党，实现什么样的发展、怎样发展的认识，勇于推进理论创新、实践创新、制度创新、文化创新以及各方面创新，创立了邓小平理论，形成了"三个代表"重要思想、科学发展观。在科学思想的指引下，我们党团结带领中国人民解放思想、锐意进取，创造了改革开放和社会主义现代化建设的伟大成就。我们实现中华人民共和国成立以来党的历史上具有深远意义的伟大转折，确立党在社会主义初级阶段的基本路线，坚定不移推进改革开放，战胜来自各方面的风险与挑战，开创、坚持、捍卫、发展中国特色社会主义，实现了从高度集中的计划经济体制到充满活力的社会主义市场经济体制、从封闭半封闭到全方位开放的历史性转变，实现了从生产力相对落后的状况到经济总量跃居世界第二的历史性突破，实现了人民生活从温饱不足到总体小康、奔向全面小康的历史性跨越，为实现中华民族伟大复兴提供了充满新的活力的体制保证和快速发展的物质条件。

党的十八大以来，面对国内外形势的深刻变化，以习近平同志为核心的党中央，顺应时代发展，从理论和实践结合上系统回答了新时代坚持和发展什么样的中国特色社会主义、怎样坚持和发展中国特色社会主义这个重大时代课题，创立了习近平新时代中国特色社会主义思想。在科学思想的指引下，我们党团结带领人民自信自强、守正创新，统揽伟大斗争、伟大工程、伟大事业、伟大梦想，坚持和加强党的全面领导，统筹推进"五位一体"总体布局、协调推进"四个全面"战略布局，坚持和完善中国特色社会主义制度、推进国家治理体系和治理能力现代化，坚持依规治党、形成比较完善的党内法规体系，战胜一系列重大风险与挑战，实现第一个百年奋斗目标，明确实现第二个百年奋斗目标的战略安排，党和国家事业取得历史性成就、发生历史性变革，为实现中华民族伟大复兴提供了更为完善的制度保证、更为坚实的物质基础、更为主动的精神力量。

（三）在当代中国，坚持和发展习近平新时代中国特色社会主义思想，就是真正坚持和发展马克思主义。

习近平新时代中国特色社会主义思想是马克思主义中国化的最新成果。这一思想一以贯之坚持马克思主义，始终把马克思主义作为中国共产党人的"真经"，始终坚持马克思主义基本原理，坚持科学社会主义基本原则，坚持运用辩证唯物主义和历史唯物主义世界观、方法论。这一思想与时俱进发展马克思主义，站在真理和道义的制高点上，结合新的时代和实践作出新的理论创造，对马克思主义哲学、政治经济学、科学社会主义作出了许多重大原理性创新，实现了马克思主义中国化的历史性飞跃、创造性升华。这一思想立足于为人民谋幸福、为民族谋复兴、为世界谋大同，具有实践性、时代性、创造性的鲜明品格，充分体现了当代中国共产党人的政治立场、价值追求、精神风范，充分展现了高尚真挚的人民情怀、家国情怀、民族情怀、天下情怀。

习近平新时代中国特色社会主义思想承前启后、继往开来，全面把握中华民族伟大复兴战略全局和世界百年未有的大变局，是关乎中国前途命运的当代中国马克思主义，是关乎科学社会主义发展前景的 21 世纪马克思主义，为马克思主义在当今时代的大发展作出了开创性、全面性、历史性贡献。在当代中国、在当今时代，坚持和发展习近平新时代中国特色社会主义思想，就是真正坚持和发展马克思主义，就是真正坚持和发展科学社会主义。

新的历史起点上，全面贯彻习近平新时代中国特色社会主义思想，必须继续把马克思主义基本原理同中国具体实际相结合。当前，我国已经进入全面建设社会主义现代化国家、向第二个百年奋斗目标进军的新发展阶段，国内外环境的深刻变化既带来一系列新机遇，也带来一系列新挑战。我们要深刻把握当代中国的实际问题，以我们正在做的事情为中心，以辩证思维看待新发展阶段的新机遇、新挑战，深刻认识我国社会主要矛盾变化带来的新特征、新要求，坚持问题意识、突出问题导向，在准确把握新发展阶段、深入贯彻新发展理念、加快构建新发展格局中，不断研究新情况、解决新问题，在全面建设社会主义现代化国家新征程上不断推进理论创新和实践创新。

新的历史起点上，全面贯彻习近平新时代中国特色社会主义思想，必须继续把马克思主义基本原理同中华优秀传统文化相结合。在人类文明历史长河中，中

第二章 追求远大理想 坚定崇高信念

国人民创造了源远流长、博大精深的优秀传统文化，为中华民族生生不息、发展壮大提供了强大精神支撑。中华优秀传统文化的丰富哲学思想、人文精神、价值理念、道德规范等，蕴藏着解决当代人类面临的难题的重要启示，为人们认识和改造世界提供了有益启迪，为治国理政提供了有益启示。中华优秀传统文化是中华民族的突出优势，是我们在世界文化激荡中站稳脚跟的根基。要继续挖掘中华五千年文明中的精华，大力弘扬中华优秀传统文化，把其中的精华同马克思主义立场观点方法结合起来，丰富和发展更加具有中国特色、中国风格、中国气派的马克思主义。

全面贯彻习近平新时代中国特色社会主义思想，继续推进马克思主义中国化，要始终坚持用马克思主义观察时代、把握时代、引领时代，用鲜活丰富的当代中国实践推动马克思主义发展，用宽广视野吸收人类创造的一切优秀文明成果，坚持在改革中守正出新、不断超越自己，在开放中博采众长、不断完善自己，不断深化对共产党执政规律、社会主义建设规律、人类社会发展规律的认识，不断开辟当代中国马克思主义、21世纪马克思主义新境界。

（资料来源：《人民日报》，有改动）

阅读感言

南仁东，一颗耀眼的星

2018年10月15日，中国科学院国家天文台宣布，将一颗国际永久编号的小行星正式命名为"南仁东星"。2021年2月，科学家将"中国天眼"（500米口径球面射电望远镜，英文缩写为"FAST"）第一次收到的脉冲星信号发射到这颗小行星。从此，在浩瀚宇宙中，永远有了南仁东的名字。

南仁东是"中国天眼"FAST工程的首席科学家和总工程师，他把自己最美好的年华都奉献给了中国天文事业，为FAST工程燃尽了生命最后的火花。他的爱国情怀、奋斗精神、科学精神、高尚情操与杰出品格，激励着广大科技工作者继往开来、不懈奋斗。

以国家需要为己任的爱国情怀

南仁东从小就立志报国，1963年参加高考时，因国家需要无线电人才，他便报考了清华大学无线电专业，并以吉林省理科状元的身份进入清华大学学习。1977年，为了能为国家和人民作出更多的贡献，他又考入中国科学院研究生院攻读天文学。后来，南仁东成了天文学领域的专家，经常要到世界各地做访问学者、客座教授，而就在祖国需要他的时候，他放弃了高于国内300倍的薪资，毅然回国效力。

为了将尖端科研引流到中国的天文及相关领域，在1993年南仁东就提出争取把国际大型的射电望远镜建到中国来的想法。为此，他多年奔波于相关的国际会议和国际机构，为中国申请立项。由于种种原因，最终我国决定自主建设，并将其命名为"FAST"，蕴含着"追赶""跨越""领先"之意。

正是基于强烈的爱国情怀，南仁东时刻将国家的需要放在心中，摆在工作的首位。为了摆脱我国天文领域相对薄弱、深空观测能力不强等劣势，实现后起追赶，临近退休年龄的南仁东不顾自己的病痛，兢兢业业地奋斗在工程一线，力求在自己有生之年完成"中国天眼"这一大国重器。所幸苍天不负，让他交出了一份满意的答卷，上面写满了一个知识分子对国家、对民族复兴大任的责任与担当。

不畏艰险坚忍不拔的奋斗精神

对于"中国天眼"工程的选址，南仁东前后用了12年的时间，用双脚一个一个地对经过3道程序筛选出的100多个大窝凼（dàng，水坑）进行丈量。在建设过程中，南仁东与团队成员同吃同住，以工地为家，大家都亲切地叫他"丐帮帮主"。南仁东还常常强忍着肺痛带病工作，始终坚持亲自指挥工程现场，以高龄之躯坚守一线。临终之前，他心心念念的仍旧是"中国天眼"。

62岁那年，南仁东终于盼来了项目的正式获批；71岁那年，他在生命走向终点前等到了工程竣工，真正做到了生命不息、奋斗不已。

自力更生勇于创新的科学精神

"中国天眼"作为世界上最大的单口径球面射电望远镜，从提出之初就被人质疑是一个狂妄的梦想。如此大口径的望远镜，其建造没有经验可循，很多关键技术只能自主创新。从前期选址到设计研发，再到后期维护，建设过程中经历了材料、技术、施工等方面的一系列困难。然而，以南仁东为首的中国科学家们为实现梦想迎难而上，克服了不可想象的困难，最终实现了由跟踪模仿到集成创新的突破跨越，让"中国天眼"成了世界最大单口径、最灵敏的射电望远镜。建成后的"中国天眼"可以一眼望穿 157 亿光年外的距离，在未来 30 年内将保持世界领先地位。

"中国天眼"工程的成功再次印证了中国人敢为人先、勇于创新的精神品质。这是以南仁东为代表的中国科学家们不断勇攀科学高峰所彰显的创新精神，是继"两弹一星"之后，在当代书写的科技报国的辉煌篇章。

淡泊名利忘我奉献的高尚情操

南仁东有着强烈的事业心却没有丝毫的功利心。临近退休时，南仁东都没有获得过任何荣誉表彰。他总是习惯性地把别人的名字放在前面，自己默默地藏身于荣誉之后。在临终之前，他更是谢绝了国家给予的荣誉，表示这是他身为中国科学家的责任。

作为"FAST"工程的首席科学家，南仁东一生潜心研究。为了重新振兴我国的天文事业，他舍弃了安逸的城市生活与舒适的工作环境，常年在大山深处钻研，心甘情愿地做一个盛世的"苦行僧"，他一心扑在工作上，将个人得失统统抛在脑后。

不忘初心精益求精的杰出品格

在专注于建设"中国天眼"的 22 年中，南仁东受到了无数次质疑。但是，面对困难和挫折，他从不退缩，更不辩解，只是埋头做事，精益求精，仔细比对每个数据，不轻易放过任何一个细节，最终将 500 米口径的球面打造成了一个近乎完美的圆。这个圆，不仅代表了工程的圆满，而且代表了南仁东一生磨砺的圆满。

如今，"中国天眼"为我们打开了探索宇宙的新窗口。每当我们仰望星空时，那颗耀眼的"南仁东星"就在那里等着我们，在广阔无垠的宇宙中熠熠生辉。

（资料来源：中国共产党新闻网，有改动）

阅读感言

二、推荐阅读

1. 中共中央文献研究室：《习近平关于实现中华民族伟大复兴的中国梦论述摘编》，中央文献出版社，2013年。

2. 习近平：《在纪念马克思诞辰200周年大会上的讲话》，人民出版社，2018年。

3. 习近平：《在庆祝中国共产主义青年团成立100周年大会上的讲话》，人民出版社，2022年。

4. 中国延安干部学院：《红色延安的故事》（理想信念篇），党建读物出版社，2016年。

5. [美]布鲁斯·利普顿：《信念的力量》，喻华译，光明日报出版社，2015年。

三、至理名言

希望是附丽于存在的，有存在，便有希望，有希望，便是光明。

——鲁迅

骐骥一跃，不能十步；驽马十驾，功在不舍；锲而舍之，朽木不折；锲而不舍，金石可镂。

——《荀子》

理想不抛弃苦心追求的人，只要不停止追求，你们会沐浴在理想的光辉之中。

——巴金

人，只要有一种信念，有所追求，什么艰苦都能忍受，什么环境也都能适应。

——丁玲

世界上最快乐的事，莫过于为理想而奋斗。

——[古希腊]苏格拉底

第三章

继承优良传统　弘扬中国精神

学习目标

☆ 了解中国精神的丰富内涵，明确实现中国梦必须弘扬中国精神。

☆ 理解坚持爱党爱国爱社会主义、维护祖国统一、促进民族团结、尊重和传承中华民族历史文化、维护国家发展主体性、增强国家安全意识、构建人类命运共同体的重要意义，努力做一个新时代的忠诚爱国者。

☆ 认识到改革创新是青春远航的强大动力，理解改革开放的重要性，明确改革创新的时代要求，树立改革创新的自觉意识，增强改革创新的能力本领，做改革创新生力军。

学习重点

☆ 理解中国精神的思想内涵，明确如何弘扬以爱国主义为核心的民族精神，以及如何弘扬以改革创新为核心的时代精神。

☆ 理解新时期爱国主义的基本内容，明确做新时代忠诚爱国者的基本要求。

☆ 理解改革创新的含义和时代要求，明确如何做改革创新生力军。

学习方法

☆ 阅读教材和相关材料，理解中国精神的内涵。

☆ 阅读有关爱国主义的文章，了解我国历史上有代表性的爱国主义典范。

☆ 结合生活中令人印象深刻的创新事件，阐述如何做改革创新生力军。

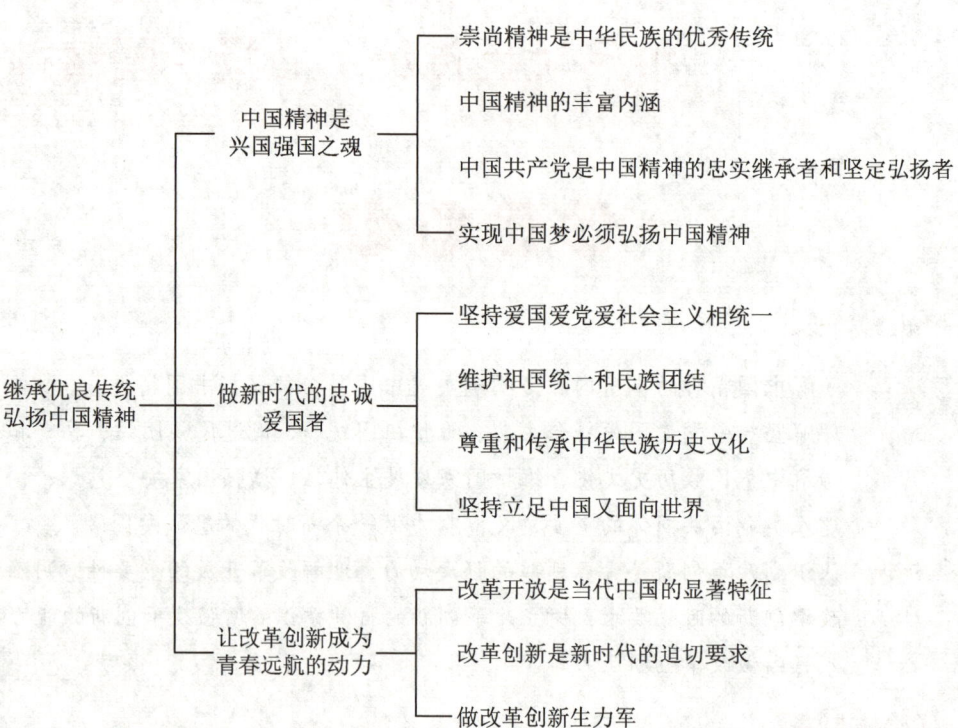

一、中国精神是兴国强国之魂

（一）崇尚精神是中华民族的优秀传统

中华民族崇尚精神的优秀传统，主要表现为：① 对物质生活与精神生活相互关系的独到理解；② 对理想的不懈追求；③ 对品格养成的重视。

（二）中国精神的丰富内涵

中国精神的内涵如下：① 伟大创造精神；② 伟大奋斗精神；③ 伟大团结精神；④ 伟大梦想精神。

（三）中国共产党是中国精神的忠实继承者和坚定弘扬者

1. 伟大建党精神是中国共产党的精神之源

中国共产党的先驱们创建了中国共产党，形成了伟大建党精神。其内容如下：① 坚持真理、坚守理想；② 践行初心、担当使命；③ 不怕牺牲、英勇斗争；④ 对党忠诚、不负人民。

2. 中国共产党人的精神谱系

在百余年的非凡奋斗历程中，一代又一代中国共产党人顽强拼搏、不懈奋斗，涌现了一大批视死如归的革命烈士、一大批顽强奋斗的英雄人物、一大批忘我奉献的先进模范，形成了井冈山精神、长征精神、遵义会议精神、延安精神、西柏坡精神、红岩精神、抗美援朝精神、"两弹一星"精神、特区精神、抗洪精神、抗震救灾精神、抗疫精神、脱贫攻坚精神等伟大精神，构筑起了中国共产党人的精神谱系。

（四）实现中国梦必须弘扬中国精神

1. 凝聚兴国强国的磅礴伟力

中国精神是凝聚中国力量的精神纽带，是激发创新创造的精神动力，是推进复兴伟业的精神支柱。

2. 弘扬以爱国主义为核心的民族精神

爱国主义是中华民族的民族心、民族魂，是中华民族最重要的精神财富，其基本内涵主要表现在：① 爱祖国的大好河山；② 爱自己的骨肉同胞；③ 爱祖国的灿烂文化；④ 爱自己的国家。

3. 弘扬以改革创新为核心的时代精神

弘扬以改革创新为核心的时代精神应做到：① 树立突破陈规、大胆探索、敢于创造的思想观念；② 培养不甘落后、奋勇争先、追求进步的责任感和使命感；③ 保持坚韧不拔、自强不息、锐意进取的精神状态。

二、做新时代的忠诚爱国者

（一）坚持爱国爱党爱社会主义相统一

爱土地、爱人民、爱文化

当代中国，爱国主义的本质就是坚持爱国和爱党、爱社会主义高度统一。不同历史时期的爱国主义虽然内涵和表现形式有所不同，但本质上是爱国爱党爱社会主义的高度统一，都统一于实现中华民族伟大复兴的中国梦的鲜活实践之中。

新时代大学生不仅要在认识上深刻理解爱国爱党爱社会主义的高度统一，更要以实际行动体现对祖国的热爱、对党的热爱、对社会主义的热爱。

（二）维护祖国统一和民族团结

1. 维护和推进祖国统一

保持香港、澳门长期繁荣稳定，解决台湾问题，实现祖国完全统一，是实现中华民族伟大复兴的必然要求，是不可阻挡的历史进程，也是全体中华儿女的共同心愿。

推进祖国统一，必须保持香港、澳门长期繁荣稳定。

解决台湾问题、实现祖国完全统一，是党矢志不渝的历史任务，是全体中华儿女的共同愿望，是实现中华民族伟大复兴的必然要求。

"台独"分裂势力及其分裂活动是对台海和平的现实威胁，必须反对和遏制任何形式的"台独"分裂主张和活动，不能有任何妥协。

2. 促进民族团结

促进民族团结应做到：① 要深化对党的民族理论和民族政策的认识，认真学习国家关于民族事务的法律法规，深入了解中华民族"多元一体"的发展历史，坚定"汉族离不开少数民族，少数民族离不开汉族，各少数民族之间也相互离不开"的思想观念；② 要牢固树立正确的祖国观、民族观、文化观、历史观；③ 要铸牢中华民族共同体意识，加强各民族交往交流交融；④ 要认清"藏独"和"疆独"等各种分裂主义势力的险恶用心和反动本质，坚持原则、明辨是非，不信谣、不传谣，不受分裂分子挑拨煽动，不参与违法犯罪活动，与破坏民族团结的行为作坚决斗争。

（三）尊重和传承中华民族历史文化

1. 历史文化是民族生生不息的丰厚滋养

要以史为鉴、更好前进，就应认识到：① 历史是一面镜子；② 历史是一位智者；③ 历史是最好的教科书；④ 历史是最好的清醒剂；⑤ 历史是最好的营养剂。

2. 旗帜鲜明反对历史虚无主义

抛弃传统、丢掉根本，就等于割断了自己的精神命脉。历史和现实都表明，一个抛弃了或者背叛了自己历史文化的民族，不仅不可能发展起来，而且很可能上演一场历史悲剧。我们不是历史虚无主义者，也不是文化虚无主义者，不能数典忘祖、妄自菲薄。我们要对中华民族的英雄心怀崇敬，自觉传承好中华民族辉煌灿烂的历史文化。

（四）坚持立足中国又面向世界

1. 维护国家发展主体性

当今世界，国家仍然是民族存在的最高组织形式，是国际社会活动中的独立主体。在新形势下，我们一定要保持清醒的认识，坚持独立自主、自力更生，既虚心学习借鉴国外的有益经验，又坚定民族自尊心和自信心，不信邪、不怕压，坚决维护国家的主权和尊严，按照本国国情坚持、发展自己的政治制度和民族文化，把中国发展进步的命运始终牢牢掌握在自己手中。

2. 自觉维护国家安全

当前，世界百年未有之大变局加速演进，新一轮科技革命和产业变革深入发展，国际力量对比深刻调整。同时，逆全球化思潮抬头，单边主义、保护主义明显上升，世界经济复苏乏力，局部冲突和动荡频发，全球性问题加剧，世界进入新的动荡变革期。

在国家安全形势越来越复杂的今天，大学生要增强国家安全意识，对境内外敌对势力的渗透、颠覆、破坏活动保持高度警惕，切实履行维护国家安全的义务，具体应做到：① 确立总体国家安全观；② 增强国防意识，履行维护国家安全的义务。

3. 推动构建人类命运共同体

没有哪个国家能够独自应对人类面临的各种挑战，也没有哪个国家能够退回到自我封闭的孤岛。共同建设一个持久和平、普遍安全、共同繁荣、开放包容、清洁美丽的世界，是全人类的共同利益和共同价值追求。中国人民的梦想同各国人民的梦想息息相通，实现中国梦离不开和平的国际环境和稳定的国际秩序。

三、让改革创新成为青春远航的动力

（一）改革开放是当代中国的显著特征

改革开放是当代中国最鲜明的特色。改革开放是党在新的历史条件下领导人民进行的新的伟大革命，是决定当代中国命运的关键抉择。

创新是改革开放的生命。改革开放创造的奇迹不是天上掉下来的，而是来自中国共产党和中国人民的理论创新、实践创新、制度创新、文化创新及各方面创新。

（二）改革创新是新时代的迫切要求

创新决定未来，改革关乎国运。在当代中国，经济社会发展离不开改革创新。坚持创新改革是新时代的迫切要求，主要表现在：① 创新是推动人类社会发展的重要力量；② 创新能力是当今国际竞争新优势的集中体现；③ 改革创新是赢得未来的必然要求。

（三）做改革创新生力军

1. 树立改革创新的自觉意识

改革创新，要求大学生自觉做到：① 增强改革创新的责任感；② 树立敢于突破陈规的意识；③ 树立大胆探索未知领域的信心。

2. 增强改革创新的能力本领

青年是苦练能力本领、增长才干的黄金时期。要增强改革创新的能力本领，就要做到：① 夯实创新基础；② 培养创新思维；③ 投身改革创新实践。

第三章 继承优良传统 弘扬中国精神

【案例1】

王继才：坚守孤岛三十二载 用大爱书写家国情怀

开山岛位于中国黄海前哨，其面积虽仅有两个足球场大，但战略位置十分重要。1986年，26岁的王继才接受守岛任务，从此与妻子以海岛为家，与孤独相伴，在没水没电、植物都难以存活的孤岛上默默坚守32年，把青春年华全部献给了祖国的海防事业。2014年，王继才夫妇被评为全国"时代楷模"。2018年7月27日，王继才在岛上执勤时突发急症医治无效去世，生命定格在58岁。

一座孤岛、两个人，不离不弃

1986年，在村里当民兵营长的王继才被县人民武装部的老政委找去谈话，希望他能担任起守卫开山岛这个重任，王继才二话没说就答应了下来，从此，这个26岁的年轻人成了开山岛的"第五代岛主"。王继才瞒着妻子王仕花登上了开山岛，此时的他不会想到，这个距离陆地12海里、面积仅有0.013平方千米的小岛，将成为他日后的"主战场"。送王继才上岛的小船开走之后，王继才便绕着海岛转了一圈，他发现这里蚊虫飞舞、满是乱石。深夜，海风呼啸、门窗摇晃。他点上煤油灯，坐在墙角的床上，瞪着眼睛直到天亮……每过一天，王继才就在墙上画一笔。当时间一天天过去，他渐渐明白为什么在他来之前，4批守岛人中最长的只坚持了13天。

在王继才离家守岛的第48天，妻子王仕花第一次坐船来到这个"鸟不落脚"的小岛上。令她没想到的是，原来白白胖胖的丈夫变成了胡子拉碴的"野人"。王仕花回忆道："原本想说他一顿，但看到他之后心疼了。我说别人都不守，为什么要我们守啊？"可王继才只说了一句，"你回去吧，我答应了组织，就得守下去！"

回到家的王仕花想到王继才一个人在岛上，没人管、没人问，一阵阵酸楚涌上心头。思来想去，王仕花决定辞去工作，陪着王继才一起守岛。从此，他守着岛,她守着他,经历 32 年的风风雨雨,不离不弃,相依为伴。

一座荒岛、两个人,克服万难

上岛后,王继才夫妇才真正体会到守岛的艰难。岛上没有淡水,只能喝接来的雨水;没有电,只能点煤油灯;吃的一根葱、一棵菜都要从岛外运来。夏天湿热,他们只好睡到房顶上;冬天阴冷,他们不得不搬进海风吹不透的山洞里。时间长了,夫妻俩都患上了风湿性关节炎和严重的湿疹,疼痒难忍,常常半夜里疼醒的他们只能靠互相敲打着,度过一个个不眠之夜。

台风来时,船只无法出海,开山岛就成了与世隔绝的孤岛,断粮断水的日子每年都会遇到几回。一次,连续刮了 17 天台风,柴火都用光了,没法做饭。夫妻俩饿得两腿发软,只能把生米用水泡酥后,捞起来干嚼,一连嚼了 5 天生米。

守岛不仅艰苦,还很危险。有一次,王继才和王仕花沿海边巡逻,一个大浪打过来,王继才整个人都被卷到海里去了。王仕花心想,这下完了,老王命没了。又一个浪头过来,王仕花看见浑身湿透的老王正扒着岩石往上爬,便赶紧跑过去,把他拽了上来。从那以后,他们出去巡逻就会用一根背包绳拴在两人腰间,好相互有个照应。这些年来,这根背包绳把王继才和王仕花紧紧拴在了一起,也把他们和开山岛紧紧拴在了一起。

在艰苦、危险的环境中,王继才面对金钱的诱惑从未有过动摇。开山岛虽偏,但因其独特的地理位置,成了犯罪分子眼中走私、偷渡的"天堂"。曾经有不法分子想把开山岛作为走私中转站,许诺给王继才 10 万元,如果嫌钱少还可以再加。王继才断然拒绝:"这是军事要地,你们不管加多少,我都不会让你们把这块地方弄脏的。"不法分子恼羞成怒,对王继才拳打脚踢,甚至以其子女的安全来要挟,但王继才始终铁骨铮铮,不退半步。多年来,王继才先后报告过 9 次涉及走私、偷渡等违法事件线索,并积极协助警方抓获了多名犯罪分子。

一座绿岛、两个人,红旗飘扬

为了能在岛上扎下根,王继才夫妻俩决定开荒。他们从岸上一点点运来泥土和肥料,在石头缝里种树、种菜。第一年,他们种下了 100 多棵白杨,结果全都死了;第二年,他们又种下 50 多棵槐树,仍无一存活。年复一年,他们始终没有放弃。"人能在岛上活下来,树也肯定能在岛上扎下根!"经过多方求教,他们在开山岛上撒下了一斤多的苦楝树种子,终于长出一棵幼苗。这让他们充满信心:

有树，就有生机；有生机，就有希望。在王继才夫妇的努力下，如今的开山岛已是郁郁葱葱。

"家就是岛，岛就是国。开山岛不仅要有绿色，更应该飘扬着五星红旗。"王继才向王仕花提议在开山岛升国旗。之后的岁月里，只要天气允许，王继才和王仕花就会迎着朝阳将国旗升起。岛上风大、湿度大，阳光照射强烈，国旗很容易褪色、破损，这些年，王继才夫妻俩自己掏钱买了300多面国旗。2012年元旦，天安门国旗护卫队听说他们的故事后，专门从北京送来一座钢制移动升旗台和不锈钢旗杆，还送给他们一面曾经在天安门广场飘扬过的国旗。王继才将这面国旗视若珍宝。王仕花记得，有一次岛上刮起台风，王继才生怕国旗被刮破，冒着风雨跑到山顶将国旗降下来并抱在怀里。返回途中，他不小心踩空摔倒，断了两根肋骨，但怀里的国旗却完好无损。

王继才夫妻俩每天雷打不动的工作就是：升旗、巡岛、观气象、护航标、写日志……日复一日，年复一年，他们从未懈怠。2018年7月27日，积劳成疾的王继才倒在了开山岛上。三十多年过去了，一口水窖、四座航标灯、几十棵苦楝树、数百面升过的五星红旗，见证了这个守岛民兵的赤胆忠诚。

2018年9月，王继才被追授"全国优秀共产党员"称号；2019年9月，王继才被授予"人民楷模"国家荣誉称号。看着新一批守岛民兵，王仕花动情地说："我相信，在一茬茬民兵的守卫下，开山岛上的五星红旗会永远高高飘扬。"

（资料来源：《中国青年报》，有改动）

> **评析** 守卫黄海前哨开山岛32年的王继才始终听从党的召唤，服从组织的安排。他和妻子以海岛为家、与艰苦为伴，坚持每天升国旗、巡海岛、护航标、写日志，与走私、偷渡等不法分子作斗争。他舍小家为国家，把毕生精力献给了祖国海防事业，体现出"岛再小也是国土"的深厚爱国情怀，向党和人民交出了一份爱国奉献的忠诚答卷。
>
> 大学生作为民族的希望和祖国的未来，要努力将中国精神转化为青春行动，勇做弘扬和践行中国精神的时代先锋，为国家富强、民族振兴、人民幸福贡献自己的智慧和力量。

【案例2】

钱学森的中国情结

作为"两弹一星"的功臣并受到国家表彰的钱学森,在荣誉面前是这样说的:"国家表彰了我对'中国火箭导弹技术、航天技术和系统工程论'方面所做的一些工作。我想这里面'中国'两个字是最重要的。因为这是中国人的集体成果。这说明中国人并不笨,外国人能干的,我们不但能干,而且能干得更好。至于我个人,只是尽力做了一点应该做的工作,那是很有限的。"

在美国生活时,钱学森就取得了辉煌的成就和崇高的声誉,也因此获得了十分丰厚的生活待遇和得心应手的科研条件。然而,正如法国科学家巴斯德所说:科学无国界,但科学家是属于祖国的。钱学森也一样,他对祖国魂牵梦绕,思念之情与日俱增。

据钱学森回忆,在美国的20年里,他为了回归祖国,历尽了千难万险,经受了5年多的折磨。

1950年7月,钱学森到华盛顿找主管他研究工作的美海军次长丹尼尔·金波尔,正式提出回国的要求。当时,中美敌对,朝鲜战场正在交战。金波尔对钱学森的归国要求既震惊又害怕,金波尔说:"我宁可把这家伙枪毙了,也不让他离开美国。无论在哪里,他都抵得上5个师。"8月23日午夜,钱学森一家从华盛顿回到洛杉矶。这时,他已辞去了加州理工学院超音速实验室主任和古根海姆喷气推进研究中心负责人的职务,买好了飞机票,准备搭乘加拿大航班离美回国。然而他一下飞机,便接到了联邦移民局的通知:不准离开美国。他还遭到了判刑和罚款的恐吓,已装上船准备转送回国的行李也受到非法搜查,800千克的书籍和笔记本被扣押。美国人硬说钱学森企图将机密科研材料运送回国,并诬陷他为"共产党的间谍"。

9月9日,钱学森被当局逮捕,关押在特米那岛上达半个月之久。钱学森的导师冯·卡门得悉情况后,立即联合加州理工学院的许多师生向美国当局提出了强烈抗议。杜布里奇院长还亲往华盛顿,要求释放钱学森。为了营救钱学森,他们还募集了15 000美元的保释金。

终于,钱学森被开释。但被释放后的钱学森,受到美国的监视,含愤度过了整整5年变相的软禁生活。

1955年8月2日,在中美大使级会谈中,我国大使王炳南受周总理的嘱托,在会上代表我国政府揭露了美国当局在违背本人意愿的情况下监禁中国公民钱学森以阻挠他回国的卑劣行径。美方被迫于8月4日通知钱学森,准许他离开美国。1955年10月8日,钱学森在阔别祖国20年后终于回到了祖国。由于钱学森的毅然回国,中国导弹、原子弹的研发向前推进了20年。

(资料来源:人民网,有改动)

评析 钱学森没有因为祖国贫弱而嫌弃祖国、背离祖国,他放弃了美国优越的生活条件和丰厚的待遇,冲破了美国方面的重重阻挠,毅然将自己的爱国之情、爱国之心、报国之志化作效国之行,回到祖国怀抱,为新中国的科技事业作出了巨大贡献。他的爱国情怀令人敬佩,他的爱国之心令人折服。当代大学生要以钱学森为榜样,努力学习科学文化知识,并把学到的知识运用到祖国的建设事业之中,做一个真正的爱国者。

一、单项选择题

1. 爱国主义是人们对自己故土家园、种族和文化的归属感、( )、尊严感与荣誉感的统一。

　　A. 自豪感　　　　　　　　B. 认同感
　　C. 自信心　　　　　　　　D. 自尊心

2. 在当代中国,爱国主义首先体现在对( )的热爱上,这是中华人民共和国每一个公民必须坚持的立场和态度。

　　A. 祖国广阔领土　　　　　B. 社会主义政治制度
　　C. 社会主义中国　　　　　D. 中国传统文化

3. ( )作为兴国强国之魂,是实现中华民族伟大复兴不可或缺的精神支撑。

　　A. 民族精神　　　　　　　B. 历史文化
　　C. 中国精神　　　　　　　D. 改革开放

4. 民族精神是一个民族赖以生存和发展的精神支柱。中华民族五千年的发展中所形成的伟大民族精神的核心是（　　）。

  A．爱国主义　　　　　　　　B．人道主义

  C．科学主义　　　　　　　　D．革命英雄主义

5. 中国精神的内涵不包括（　　）。

  A．伟大奋斗精神　　　　　　B．伟大团结精神

  C．伟大创造精神　　　　　　D．伟大创新精神

6. 伟大建党精神中的（　　）是对中国共产党人政治担当和人民立场的集中表达。

  A．践行初心、担当使命　　　B．对党忠诚、不负人民

  C．不怕牺牲、英勇斗争　　　D．坚持真理、坚守理想

7. （　　）是一个国家和民族在新的历史条件下形成和发展的，反映社会进步的发展方向，引领时代的进步潮流，是社会的主旋律。

  A．民族精神　　　　　　　　B．时代精神

  C．中国精神　　　　　　　　D．奋斗精神

8. （　　）不仅是国防安全的重要保障，也是增强民族凝聚力和向心力的"黏合剂"。

  A．维护世界和平　　　　　　B．强化忧患意识

  C．发展市场经济　　　　　　D．增强国防意识

9. （　　）是当代中国最突出、最鲜明的特点，也是时代的要求。

  A．制度创新　　　　　　　　B．文化创新

  C．科技创新　　　　　　　　D．改革创新

10. 爱国主义的本质就是坚持爱国和爱党、爱（　　）高度统一。

  A．爱人民群众　　　　　　　B．爱共产主义

  C．爱社会主义　　　　　　　D．爱本职工作

11. 弘扬爱国主义精神，必须把维护祖国统一和（　　）作为重要着力点和落脚点。

  A．民族团结　　　　　　　　B．人民利益

  C．社会和谐　　　　　　　　D．和平发展

12. "禾苗离土即死""一方水土养一方人"所体现的是（   ）。

    A．祖国对国土的依赖关系

    B．人民对故土家园的依赖关系

    C．国土对祖国的依赖关系

    D．故土家园对人民的依赖关系

13. 在当今世界，（   ）仍然是民族存在的最高组织形式，是国际社会活动中的独立主体。

    A．人民   B．中央政府

    C．政党   D．国家

14. 下列选项中，关于改革创新重要意义的说法中，错误的是（   ）。

    A．改革创新是引领发展的第一动力

    B．改革创新是赢得未来的必然要求

    C．改革创新是新时代的迫切要求

    D．改革创新是民族精神的核心

15. 下列选项中，关于爱国的说法中，不正确的是（   ）。

    A．一个真正的爱国者必须立报国之志、增建国之才、践爱国之行，轰轰烈烈地为国家作出巨大的贡献

    B．在不同的历史条件下，可以有不同的报效祖国的方式

    C．当代大学生应以"振兴中华"为己任

    D．一个人只要尽己所能，哪怕只为国家和人民作出很微小的贡献，也可以无愧于爱国者的称号

16. "家是最小国，国是千万家""没有国哪有家，没有家哪有我"体现出（   ）的爱国主义。

    A．爱祖国的大好河山   B．爱自己的骨肉同胞

    C．爱祖国的灿烂文化   D．爱自己的国家

17. （   ）蕴含着中华民族世世代代形成和积累的思想营养和实践智慧，是中华民族的精神命脉。

    A．中华优秀传统文化   B．中华优秀传统美德

    C．中华民族辉煌历史   D．爱国主义精神

18. 中国特色社会主义之所以具有蓬勃生命力，就在于实行的是（   ）的社会主义。

  A．艰苦奋斗   B．改革开放

  C．改革创新   D．民族团结

19. （   ）可以比作我国发展的新引擎。

  A．科技创新   B．文化创新

  C．制度创新   D．理论创新

20. 一个国家不受内部和外部的威胁、破坏而保持稳定有序的状态指的是（   ）。

  A．社会安全   B．外交安全

  C．国防安全   D．国家安全

21. 社会主义核心价值体系的基本内容是由马克思主义指导思想、中国特色社会主义共同理想、以（   ）为核心的民族精神和以（   ）为核心的时代精神、社会主义荣辱观构成。

  A．社会主义 与时俱进 B．爱国主义 改革创新

  C．爱国主义 团结奋斗 D．艰苦奋斗 与时俱进

22. 在中华民族的历史上，从戚继光抗击倭寇到郑成功收复台湾，从三元里人民抗英到全民族抗日战争等，这些都表现了中华民族爱国主义优良传统中（   ）。

  A．维护祖国统一，促进民族团结的精神

  B．心系民生苦乐，推动历史进步的精神

  C．开发祖国山河，创造中华文明的精神

  D．抵御外来侵略，捍卫国家主权的精神

二、多项选择题

1. 民族精神是一个民族在长期共同生活和社会实践中形成的，为本民族大多数成员所认同的（   ）的总和。

  A．价值取向   B．思维方式

  C．道德规范   D．精神气质

第三章　继承优良传统　弘扬中国精神

2．崇尚精神是中华民族的优良传统，其主要表现有（　　）。

　　A．对物质生活与精神生活关系的独到理解

　　B．对理想的不懈追求

　　C．对民族精神的弘扬

　　D．对品格养成的重视

3．下列词句和典故中体现"自强不息"的民族精神的有（　　）。

　　A．富贵不能淫，贫贱不能移，威武不能屈

　　B．亲仁善邻

　　C．大禹治水

　　D．愚公移山

4．中国精神之所以是兴国强国之魂，是因为（　　）。

　　A．中国精神是推进复兴伟业的精神支柱

　　B．中国精神是凝聚中国力量的精神纽带

　　C．中国精神是激发创新创造的精神动力

　　D．中国精神是推动社会发展的第一动力

5．中华民族的爱国主义优良传统内涵极为丰富，以下属于爱国主义的思想和行为的有（　　）。

　　A．"先天下之忧而忧，后天下之乐而乐"

　　B．"苟利国家生死以，岂因祸福避趋之"

　　C．"人生自古谁无死，留取丹心照汗青"

　　D．"天下兴亡，匹夫有责"

6．树立改革创新的自觉意识，就要（　　）。

　　A．增强改革创新的责任感　　B．树立敢于突破陈规的意识

　　C．增强改革创新的能力本领　　D．树立大胆探索未知领域的信心

7．以爱国主义为核心的民族精神，就是伟大的（　　）。

　　A．创造精神　　　　　　　　B．团结精神

　　C．奋斗精神　　　　　　　　D．梦想精神

8．下列选项中，体现改革创新精神的有（　　）。

　　A．大鹏之动，非一羽之轻也　　B．生命不息，奋斗不止

C. 穷则变，变则通，通则久　　D. 一万年太久，只争朝夕

9. 爱国既需要情感的基础，也需要理性的认识，更需要实际的行动。下列属于爱国表现的有（　　）。

　　A. 维护和推进祖国统一　　B. 促进民族团结
　　C. 坚持一个中国原则　　　D. 增强国家安全意识

10. 下列选项中，属于中国共产党精神谱系的有（　　）。

　　A. 抗震救灾精神　　B. 井冈山精神
　　C. 红岩精神　　　　D. 抗疫精神

11. 国家安全问题事关国家安危和民族存亡，事关每个公民的切身利益。下列关于国家安全问题的说法中正确的有（　　）。

　　A. 现代意义上的国家安全仅指国防安全
　　B. 维护国家安全是公民的基本法律义务
　　C. 公共卫生安全和食品安全也属于国家安全的内容
　　D. 公民和组织在维护国家安全中享有检举、控告的权利

12. 在当代中国，社会发展离不开改革创新，改革创新是社会发展的重要动力，坚持改革创新是新时代的迫切要求。因为（　　）。

　　A. 创新是推动人类社会发展的第一动力
　　B. 创新能力是当今国际竞争新优势的集中体现
　　C. 改革创新是赢得未来的必然要求
　　D. 改革创新是增强大学生时代责任的有效途径

13. 在中华民族悠久的历史发展中，爱国主义从来就是一种巨大的精神力量，成为一种优良传统，这种优良传统包括（　　）。

　　A. 热爱祖国，矢志不渝　　B. 天下兴亡，匹夫有责
　　C. 维护统一，反对分裂　　D. 同仇敌忾，抗御外侮

14. 处理好民族问题，促进民族团结，应（　　）。

　　A. 深化对党的民族理论和民族政策的认识
　　B. 牢固树立正确的祖国观、民族观、文化观、历史观
　　C. 铸牢中华民族共同体意识
　　D. 坚持原则、明辨是非，不受分裂分子挑拨煽动

15. 做新时代的忠诚爱国者，应做到（　　）。
    A．坚持爱国爱党爱社会主义相统一
    B．维护祖国统一和民族团结
    C．发扬伟大奋斗精神
    D．尊重和传承中华民族历史文化
16. 青年要增强改革创新的能力本领，应做到（　　）。
    A．拓宽创新思路　　　　B．投身改革创新实践
    C．夯实创新基础　　　　D．培养创新思维

三、简答题

1. 结合实际，谈谈为什么中国精神是兴国强国之魂。

2. 结合自身实际，谈谈如何做新时代的忠诚爱国者。

3. 结合自身实际，谈谈大学生应如何走在改革创新的时代前列。

四、分析题

1. 今天全世界都面临经济全球化趋势加快发展的问题。对于中国来说，经济全球化既带来了经济社会发展的机遇，也造成了诸多方面的挑战。经济全球化

是指跨国经济活动、跨国经济组织、跨国经济规则普遍化的客观发展趋势。在经济全球化背景下，人与人、民族与民族、国家与国家之间的交流和沟通日益频繁。科学技术的发展和利用都是跨国界的，商品在全世界销售，资本在跨国界流动，信息得以共享，经济交往中需要遵循共同规则，跨国公司本土化的程度不断提高，不仅利用当地的自然资源，而且充分利用当地的人力资源。各国公民在世界范围内流动，一个国家的公民可能工作和生活在另一个国家，并对另一个国家产生了感情。

请结合材料，分析在经济全球化背景下，当代大学生如何弘扬爱国主义精神。

2. 从1975年开始，经过十多年艰苦卓绝的奋斗，王选和他的"748团队"终于完成了汉字激光照排技术的自主创新，实现了中国出版印刷行业"告别铅与火，迎来光与电"的技术革命，成为我国自主创新和用高新技术改造传统行业的杰出典范。

王选有一颗振兴中华的强烈爱国心，他用自己及其"748团队"的光辉实践给我们留下了灿烂的"王选精神"。王选的一生，是对创新孜孜以求的一生，是追求人格完美的一生。

请根据上述材料谈谈，我们应如何学习王选心系祖国、自觉奉献的爱国精神。

实践课堂

实践一:"弘扬中国精神"主题演讲活动

【实践目的】

通过演讲活动,了解中国精神的丰富内涵,明确中国精神的重要性。

【实践方案】

时间:45分钟。

地点:教室。

参与人:学生、教师。

流程:

(1)教师组织学生分组,5人一组,并设组长一名。

(2)各组成员围绕"中国精神"这一主题准备演讲稿。

(3)以小组为单位进行组内试讲与讨论,选出本组最具有代表性的演讲稿,以及演讲人。

(4)各组依次进行演讲,其他组员认真观看,并做记录。

【实践成果】

形成演讲稿和讨论记录。

实践二:爱国主义教育基地参观活动

【实践目的】

通过参观爱国主义教育基地,激发爱国主义情感,增强爱国主义意识。

【实践方案】

地点:学校附近的爱国主义教育基地。

参与人:学生、教师。

流程：

（1）到达目的地，教师讲解基地的历史，明确参观的目的和意义。

（2）学生参观并记录重点信息，在允许的前提下拍照或录像。

（3）撰写观后感。

（4）教师点评，组织学生在课上交流讨论，最后对活动进行总结。

【实践成果】

拍摄照片或视频，写观后感。

一、精选阅读

习近平在北京大学师生座谈会上的讲话（节选）

各位同学，各位老师，同志们：

今天，有机会同大家一起座谈，感到非常高兴。再过两天，就是"五四"青年节，也是北大建校120周年校庆日。首先，我代表党中央，向北大全体师生员工和海内外校友，向全国各族青年，向全国青年工作者，致以节日的问候！

近年来，北大继承光荣传统，坚持社会主义办学方向，立德树人成果丰硕，"双一流"建设成效显著，服务经济社会发展成绩突出，学校发展思路清晰，办学实力和影响力显著增强，令人欣慰。

五四运动源于北大，爱国、进步、民主、科学的"五四"精神始终激励着北大师生同人民一起开拓、同祖国一起奋进。青春理想，青春活力，青春奋斗，是中国精神和中国力量的生命力所在。今天，在实现中华民族伟大复兴新征程上，北大师生应该继续发扬"五四"精神，为民族、为国家、为人民作出新的更大的贡献。

从五四运动到中国特色社会主义进入新时代，中华民族迎来了从站起来、富起来到强起来的伟大飞跃。这在中华民族发展史上、在人类社会发展史上都是划时代的。

第三章　继承优良传统　弘扬中国精神

我在党的十九大报告中提出了我国发展的战略安排，这就是：到2020年全面建成小康社会，到2035年基本实现社会主义现代化，到本世纪中叶把我国建成富强民主文明和谐美丽的社会主义现代化强国。广大青年生逢其时，也重任在肩。我说过，中华民族伟大复兴，绝不是轻轻松松、敲锣打鼓就能实现的，我们必须准备付出更为艰巨、更为艰苦的努力。广大青年要成为实现中华民族伟大复兴的生力军，肩负起国家和民族的希望。

每一代青年都有自己的际遇和机缘。我记得，1981年北大学子在燕园一起喊出"团结起来，振兴中华"的响亮口号，今天我们仍然要叫响这个口号，万众一心为实现中国梦而奋斗。广大青年既是追梦者，也是圆梦人。追梦需要激情和理想，圆梦需要奋斗和奉献。广大青年应该在奋斗中释放青春激情、追逐青春理想，以青春之我、奋斗之我，为民族复兴铺路架桥，为祖国建设添砖加瓦。

同学们、老师们！

当代青年是同新时代共同前进的一代。我们面临的新时代，既是近代以来中华民族发展的最好时代，也是实现中华民族伟大复兴的最关键时代。广大青年既拥有广阔发展空间，也承载着伟大时代使命。青年是国家的希望、民族的未来。我衷心希望每一个青年都成为社会主义建设者和接班人，不辱时代使命，不负人民期望。对广大青年来说，这是最大的人生际遇，也是最大的人生考验。

2014年，我来北大同师生代表座谈时对广大青年提出了具有执着的信念、优良的品德、丰富的知识、过硬的本领这4点要求。借此机会，我再给广大青年提几点希望。

一是要爱国，忠于祖国，忠于人民。爱国，是人世间最深层、最持久的情感，是一个人立德之源、立功之本。孙中山先生说，做人最大的事情，"就是要知道怎么样爱国"。我们常讲，做人要有气节、要有人格。气节也好，人格也好，爱国是第一位的。我们是中华儿女，要了解中华民族历史，秉承中华文化基因，有民族自豪感和文化自信心。要时时想到国家，处处想到人民，做到"利于国者爱之，害于国者恶之"。爱国，不能停留在口号上，而是要把自己的理想同祖国的前途、把自己的人生同民族的命运紧密联系在一起，扎根于人民，奉献国家。

二是要励志，立鸿鹄志，做奋斗者。苏轼说："古之立大事者，不惟有超世之才，亦必有坚忍不拔之志。"王守仁说："志不立，天下无可成之事。"可见，立志对一个人的一生具有多么重要的意义。广大青年要培养奋斗精神，做到理想

85

坚定，信念执着，不怕困难，勇于开拓，顽强拼搏，永不气馁。幸福都是奋斗出来的，奋斗本身就是一种幸福。1939年5月，毛泽东同志在延安庆贺模范青年大会上说："中国的青年运动有很好的革命传统，这个传统就是'永久奋斗'。我们共产党是继承这个传统的，现在传下来了，以后更要继续传下去。"为实现中华民族伟大复兴的中国梦而奋斗，是我们人生难得的际遇。每个青年都应该珍惜这个伟大时代，做新时代的奋斗者。

三是要求真，求真学问，练真本领。"玉不琢，不成器；人不学，不知义。"知识是每个人成才的基石，在学习阶段一定要把基石打深、打牢。学习就必须求真学问，求真理、悟道理、明事理，不能满足于碎片化的信息、快餐化的知识。要通过学习知识，掌握事物发展规律，通晓天下道理，丰富学识，增长见识。人的潜力是无限的，只有在不断学习、不断实践中才能充分发掘出来。建设社会主义现代化强国，发展是第一要务，创新是第一动力，人才是第一资源。希望广大青年珍惜大好学习时光，求真学问，练真本领，更好地为国争光、为民造福。

四是要力行，知行合一，做实干家。"纸上得来终觉浅，绝知此事要躬行。"学到的东西，不能停留在书本上，不能只装在脑袋里，而应该落实到行动上，做到知行合一、以知促行、以行求知，正所谓"知者行之始，行者知之成"。每一项事业，不论大小，都是靠脚踏实地、一点一滴干出来的。"道虽迩，不行不至；事虽小，不为不成。"这是永恒的道理。做人做事，最怕的就是只说不做，眼高手低。不论学习还是工作，都要面向实际、深入实践，实践出真知；都要严谨务实，一分耕耘一分收获，苦干实干。广大青年要努力成为有理想、有学问、有才干的实干家，在新时代干出一番事业。我在长期工作中最深切的体会就是：社会主义是干出来的。

同学们、老师们！

辛弃疾在一首词中写道："乘风好去，长空万里，直下看山河。"我说过："中国梦是历史的、现实的，也是未来的；是我们这一代的，更是青年一代的。中华民族伟大复兴的中国梦终将在一代代青年的接力奋斗中变为现实。"新时代青年要乘新时代春风，在祖国的万里长空放飞青春梦想，以社会主义建设者和接班人的使命担当，为全面建成小康社会、全面建设社会主义现代化强国而努力奋斗，让中华民族伟大复兴在我们的奋斗中梦想成真！

（资料来源：《人民日报》，有改动）

第三章　继承优良传统　弘扬中国精神

阅读感言

在坚定文化自信中弘扬优秀传统文化

文化是一个国家和民族精神的延续，而优秀的传统文化更是一个国家的民族文化在精神层面的集中表达，具有深远的意义。我国在漫长的历史发展过程中，形成了许多优秀的传统文化，它们是我国珍贵的文化宝藏。而中华优秀传统文化的传承离不开文化自信，以及对文化价值的高度认同和践行。将其与现代化相融合，能够发挥出我国优秀传统文化的价值力量，不断提升我国国民文化素质和我国文化软实力。

五千年！每一块基石都镌刻着文化自信

只有具备文化自信才能真正将中华优秀传统文化不断传承发扬下去

任何一个国家和民族在发展过程中都会形成一定的优秀传统文化，这是历史的积淀，更是精神的凝聚。在我国优秀传统文化中，常体现出明显的民族性、地理性、时代性等特征，是我国丰富的文化遗产。只有具备文化自信才能真正将中华优秀传统文化不断传承发扬下去。在我国现代化的发展进程中，主要面对三种文化，即中华传统文化、西方文化和马克思主义文化，构成了各种文化并存的格局，深深影响着中国特色社会主义的建设与发展。

中华优秀传统文化是在历史发展中对物质、精神等方面的整合与凝结，蕴含着高度的民族认同感，能够影响国人的言行，增强人们的爱国主义精神和集体主义意识。由于中华优秀传统文化是在实践的基础上发展而来的，具有鲜明的民族性特征，从而具备了高度的教育意义和动员作用。同时也有利于增强我国的文化软实力，促使国民不断提升团结和凝聚意识，促进我国综合实力的有效提升。

文化自信对中华优秀传统文化的传承具有深远意义，在文化自信视域下，我国优秀传统文化传承的语境主要有两种。一是历史语境。中华优秀传统文化是经过历史的不断洗礼和沉淀而流传下来的，形成了独具特色的文化传统，其中蕴含着我国许多历史人物伟大的爱国主义和民族精神，是我国抵御挫折的重要精神支柱。二是时代语境。在经济全球化及网络信息技术飞速发展的今天，各国之间往来的日益密切使得文化的交流也逐渐呈现多样化的特征，我国优秀传统文化也要不断适应新时代的发展需求。

明晰优秀传统文化的定位，继承和弘扬中华优秀传统文化

在十九大报告中，习近平同志提出："没有高度的文化自信，就没有中华民族的伟大复兴。"由此可见，文化自信对我国建设与发展具有非常重要的作用。

时代的进步与发展要求继承和弘扬我国优秀传统文化。首先，应清晰定位其概念与内容。优秀的传统文化，顾名思义就是具有一定文化价值和影响力且能够被一直推崇、学习和传播的文化。在对其内容进行定位和传承时，需要注意将历史性和时代性相结合，选择能够为大众所接受的内容，增强民众的认同感，促使其能够将优秀的传统文化运用在实际的生活中。同时，还应将社会主义核心价值观通过优秀传统文化表现出来，加大对好人好事、名人事迹等具有正能量社会实践的传播力度，以增强我国人民群众对文化的自信与社会凝聚力。

实现与马克思主义的协同发展，借助国民教育路径弘扬传统文化

在新时代的背景下，马克思主义对我国文化建设具有重要的影响和指导意义。因此，继承和发扬优秀传统文化，还需将其与马克思主义结合起来，促进两者的协调发展。在实际的传承中，应根据马克思主义基本原理对传统文化的传承内容和方式进行调整，借鉴其中优秀的部分，并立足于新形势的发展，将能够解决当下实际问题、促进我国未来发展的优秀传统文化传承下去。例如，在现代社会发展中，积极宣扬和践行社会主义核心价值观的内容，以有效指导民众的思想和行为，提升其对优秀传统文化的高度自觉性和自信心。

在优秀传统文化的传承过程中，教育是一种极为重要的传播路径，其能够将我国传统文化深入贯彻到教学过程中，从不同学科和领域展开多样化的传统文化渗透，进而不断增强学生对优秀传统文化的热爱和信心。因此，要充分发挥教育的力量，将优秀传统文化有目的、有计划地向所有学生推介，将文化的传播与具体的教育相互结合起来，增强其在我国学生群体中的影响力。同时，还应加大我国优秀传统文化的对外宣传力度，积极办好国际教育，如发挥好"孔子学院"的

第三章　继承优良传统　弘扬中国精神

作用等。

高效利用网络技术传播传统文化，开展多样化传承活动

在现代社会，网络信息技术具有非常强大的影响力，因此在进行优秀传统文化的传承中，还应积极发挥各种网络技术平台和手段的作用，将其作为重要的传播媒介和载体，实现优秀传统文化与现代技术的有效融合，进而为广大群众文化自信的形成与提升提供良好的条件。

首先，由于新媒体具有强大的社会舆论导向作用，并且随着网络的普及，网民的数量不断上升，群体结构也呈现出多样化的趋势，因此要发挥新媒体等网络平台的作用，充分发挥其传播优势，不断提高群众对我国优秀传统文化的认同感，提高优秀传统文化的影响力。

其次，在实际生活中，还可以借助多样化的活动形式来传承我国优秀传统文化。结合现今非常火热的一些有关传统文化的网络综艺节目，如最强大脑、中国成语大会等，大力传播我国优秀的传统文化。还可通过一些音乐、戏曲、舞蹈展演活动等，或者借助一些比赛、培训、文艺晚会等形式传承中华优秀传统文化，提高公众文化自信。

综上所述，中华优秀传统文化具有丰富的文化价值和精神内涵，对推动我国现代化建设的进一步发展具有巨大的影响和作用。发挥我国优秀传统文化的作用，需要每一位中国人民都树立坚定不移的文化自信，增强对我国传统文化的认知与认同，并在实际的学习、工作和生活中积极传播和弘扬，在引导我们自身言行的同时不断增强我国优秀传统文化的社会影响力，从而逐渐提高我国的文化实力和国际地位。

（资料来源：人民论坛网，有改动）

阅读感言

《思想道德与法治》学习与实践指导

学史崇德　赓续中国精神

2021年2月20日，习近平总书记在党史学习教育动员大会上强调，在一百年的非凡奋斗历程中，一代又一代中国共产党人顽强拼搏、不懈奋斗，涌现了一大批视死如归的革命烈士、一大批顽强奋斗的英雄人物、一大批忘我奉献的先进模范，形成了一系列伟大精神，构筑起了中国共产党人的精神谱系，为我们立党兴党强党提供了丰厚滋养。

百年征程波澜壮阔，百年初心历久弥坚。回首中国共产党的百年荣光，党团结带领人民百折不挠地斗争，挽救民族于危难之中，开天辟地夺取了新民主主义革命的伟大胜利；党领导人民自强不息地探索，寻求兴国兴民之道，改天换地扭转了中国懦弱形象；党领导人民锲而不舍地拼搏，推行改革开放发展之路，实现了中华民族从站起来到富起来的历史性飞跃；党领导人民在新时代推进社会主义现代化建设，振兴中华民族于世界之林，意味着中华民族正逢伟大复兴的璀璨前景。知所从来，思所将往。中国精神是党领导人民在革命、建设、改革和现代化新征程中创造出来的，中国共产党的百年是践行初心使命的一百年，是涵养中国精神的一百年。百年华章，久久为功，百年党史滋养中国精神，中国精神助力千秋伟业。

薪火弦歌凝铸血脉，赓续红色革命精神

2017年10月31日，习近平总书记在浙江嘉兴考察时指出："我们党的全部历史都是从中共一大开始的，我们走得再远都不能忘记来时的路。"一百年前，以毛泽东同志为代表的第一代中国共产党人携点点星火在嘉兴南湖扬帆启航，并在神州大地上燃成旺火燎原之势。"为有牺牲多壮志，敢教日月换新天。"无数英雄战死沙场，无数先辈久经考验。中国共产党始终将马克思主义作为指导思想，坚持把马克思主义理论与中国民主革命实际相结合，得民心聚民力，找到了一条符合中国国情的革命道路——"农村包围城市，武装夺取政权"。中国共产党带着中国人民推翻了"三座大山"，结束了两千多年的封建专制统治，建立了中华人民共和国。中国共产党民主革命时期形成了以"延安精神""井冈山精神""红船精神""长征精神"等为代表的红色革命精神。薪薪火炬，代代相传，弦歌不辍，赓续红色基因，红色革命精神凝铸中国共产党人特有的精神血脉，红色革命历史中饱含中国人民昂首前进的力量。

第三章　继承优良传统　弘扬中国精神

攻坚克难实干笃行，传承建设探索精神

中华人民共和国成立之初，举国上下百废待兴。"绳短不能汲深井，浅水难以负大舟。"中国共产党人自党成立之始已邃晓执政兴国之理，担当起为人民谋幸福的使命，在国家一穷二白之际不畏艰难潜心循道。党为了巩固新生政权不断攻坚克难，展开了社会主义建设时期的事业探索新局面：经济上坚持发展社会主义经济，有计划地进行"三大改造"，大力发展农业和工业，取得了显赫的成就，这为中国共产党建国立业积淀了坚实的物质基础；政治上确立社会主义基本制度，主动与国际政治接轨，积极开展外交活动，与他国之间加强合作，赢得了国际社会的认可与支持；科技上亦是自主研发、自力更生，研制创造出"两弹一星"、自行建设南京长江大桥……历史细节浩若烟海，党领导人民建设社会主义的历史是鲜活的党史教材。在社会主义革命和建设时期涌流出的"雷锋精神""铁人精神"等以爱国主义为核心的建设探索精神在新时代仍熠熠生辉。

破曙待晓聚力筑梦，绵延改革创新精神

"一九七九年，那是一个春天，有一位老人在中国的南海边画了一个圈……"这是一首家喻户晓的歌曲——《春天的故事》，改革的新风就如歌声一样飘向大江南北。随着党的十一届三中全会的落幕，以邓小平同志为核心的第二代党中央领导集体团结带领全国各族人民心往一处想、劲往一处使，打开国门，锚定前行方向标，作出改革开放的创新性抉择，决定走中国特色社会主义道路，发展社会主义市场经济。从此，中国社会发生了历史性变革，焕然一新的中国从世界舞台的边缘逐渐走向中心地带。上溯改革开放史，其发展脉络似乎盘根错节。诚然，我们党始终坚定全心全意为人民服务的根本宗旨，让中国的老百姓过上幸福的日子、共享改革开放的果实。新时代面临新机遇，谱写新的"春天的故事"，让中国社会发展呈现天翻地覆的新变化，就需要铭记党团结带领人民奋斗的历史，秉承改革开放时期以创新为核心的中国精神，如"特区精神""抗震救灾精神""奥运精神"等，从而绘就一幅色彩斑斓的中国复兴画卷。

蓝图绘就启程复兴，丰富新时代精气神

党的十八大以来，以习近平同志为核心的党中央托举以人民为中心的旗帜，大刀阔步自我革命，在实践中创立了习近平新时代中国特色社会主义思想这一新的理论成果，统揽伟大斗争、伟大工程、伟大事业、伟大梦想，统筹推进"五位一体"总体布局、协调推进"四个全面"战略布局。因此，我国在经济、政治、

91

文化、科技、生态等各个社会领域都取得了横向发展、纵向发力与全方位拓宽的新突破，这充实了新时代的精气神，形成了以"伟大创造精神""伟大奋斗精神""伟大团结精神""伟大梦想精神"为代表的中国精神。历史浩荡，车轮向前。中国共产党已走过了百年春秋，她能够率领中国走在时代潮头，不断夺取民族复兴征程上的新胜利，关键法宝就在于从历史中吸收精神动力。

矢志践行初心，历史涵养精神。中国共产党的历史，是为中国人民谋幸福、为中华民族谋复兴的百年初心践行史，是党领导人民在实践中描绘大潮行舟图的百年精神涵养史。古往今来如一瞬，百年征途如长虹。"看历史，就会看到前途。"温习中国共产党百年历史，要用心体悟，读懂百年党史中蕴藏的精神道统，要埋头思量，汲取百年党史中非凡的精神能量，满载前行。中国共产党的百年华诞恰逢辛丑牛年，新时代青年要积蓄"牛劲"，奋战"十四五"，担当起实现中华民族伟大复兴的时代使命。

（资料来源：人民论坛网，有改动）

阅读感言

新时代爱国主义的本质：坚持爱国和爱党、爱社会主义高度统一

2019年是五四运动100周年，也是中华人民共和国成立70周年。在这个具有特殊意义的历史时刻，习近平总书记在纪念五四运动100周年大会上深切缅怀五四先驱崇高的爱国情怀和革命精神，高度评价了五四运动的历史意义，明确提出了新时代发扬五四精神的重要要求，深情寄语当代青年。2019年4月30日，习近平总书记在纪念五四运动100周年大会上的讲话中，对新时代中国青年提出要"热爱伟大祖国"的重要要求，"对新时代中国青年来说，热爱祖国是立身之本、成才之基。当代中国，爱国主义的本质就是坚持爱国和爱党、爱社会主义高度统一。"习近平总书记的重要讲话，为新时代广大青年培养爱国之情、砥砺强国之志、实践报国之行指明了前进方向，注入了强大动力，提供了根本遵循和强

有力保证。

　　青年是整个社会力量中最积极、最有生气的力量。国家的希望在青年，民族的未来在青年。五四运动以来的百年，是中国青年一代又一代接续奋斗、凯歌前行的百年，是中国青年用青春之我创造青春之中国、青春之民族的百年。一百多年来，中国青年满怀对祖国和人民的赤子之心，积极投身党领导的革命、建设、改革伟大事业中，为人民战斗、为祖国献身、为幸福生活奋斗，把最美好的青春献给祖国和人民，谱写了一曲又一曲壮丽的青春之歌。实践充分证明，中国青年是有远大理想抱负的青年！中国青年是有深厚家国情怀的青年！中国青年是有伟大创造力的青年！无论过去、现在还是未来，中国青年始终是实现中华民族伟大复兴的先锋力量。

　　五四精神的核心就是爱国主义。爱国是人世间最基本、最深沉、最持久的情感。爱国是本分，是职责，也是心之所系、情致所归。爱国主义自古以来就流淌在中华民族的血脉之中，去不掉、打不破、灭不了，是中国人民和中华民族维护民族独立和民族尊严的强大精神动力。伟大的五四运动，孕育了以爱国、进步、民主、科学为主要内容的伟大五四精神，其中爱国主义精神是核心。习近平总书记强调："五四运动，爆发于民族危难之际，是一场以先进青年知识分子为先锋、广大人民群众参加的彻底反帝反封建的伟大爱国革命运动，是一场中国人民为拯救民族危亡、捍卫民族尊严、凝聚民族力量而掀起的伟大社会革命运动，是一场传播新思想新文化新知识的伟大思想启蒙运动和新文化运动。"爱国是中华民族最重要的传统，爱国主义是我们民族精神的核心，是中华民族团结奋斗、自强不息的精神纽带，也是社会主义核心价值观最主要的部分。五四精神中的一个共同源头，就是爱国主义的精神；都在发挥一个共同的作用，就是探求救国救民的道路；都有一个共同的目标，就是实现国家富强、民族振兴、人民幸福。历史发展的实践表明，人民有信仰，国家有力量，民族有希望；只要高举爱国主义的伟大旗帜，中国人民和中华民族就能在改造中国、改造世界的拼搏中迸发出排山倒海的历史伟力。

　　弘扬爱国主义精神，新时代中国青年就要坚持听党话、跟党走。毛泽东同志指出："共产党从诞生之日起，就是同青年学生、知识分子结合在一起的；同样，青年学生、知识分子也只有跟共产党在一起，才能走上正确的道路。"中国共产党的领导是中国特色社会主义最本质特征，是中国特色社会主义制度最大优势。

《思想道德与法治》学习与实践指导

习近平总书记强调:"新时代中国青年运动的主题,新时代中国青年运动的方向,新时代中国青年的使命,就是坚持中国共产党领导,同人民一道,为实现'两个一百年'奋斗目标、实现中华民族伟大复兴的中国梦而奋斗。"中国共产党是爱国主义精神最坚定的弘扬者和实践者,祖国的命运和党的命运息息相关。只有坚持爱国和爱党、爱社会主义相统一,坚定不移跟党走,奋力建功新时代,爱国主义才是鲜活的、真实的。中国广大青年要在中国共产党的领导下,胸怀忧国忧民之心、爱国爱民之情,不断奉献祖国、奉献人民,以一生的真情投入、一辈子的顽强奋斗来体现爱国主义情怀,让爱国主义的伟大旗帜始终在心中高高飘扬,在实现"两个一百年"奋斗目标、实现中华民族伟大复兴中国梦的宏伟征程中,要不断谱写无愧于前辈、无愧于时代、无愧于人民的壮丽青春篇章。

弘扬爱国主义精神,新时代中国青年要深入融入中国特色社会主义伟大事业中去。当今中国,爱国与爱社会主义要高度统一。社会主义制度是中国的根本制度。中国特色社会主义是改革开放以来党的全部理论和实践的主题,是党和人民历尽千辛万苦、付出巨大代价取得的根本成就。在中国共产党领导下,我们开辟了中国特色社会主义道路,形成了中国特色社会主义理论体系,建立了中国特色社会主义制度,发展了中国特色社会主义文化,推动了中国特色社会主义进入新时代。中国特色社会主义道路是实现社会主义现代化、创造人民美好生活的必由之路,中国特色社会主义理论体系是指导党和人民实现中华民族伟大复兴的正确理论,中国特色社会主义制度是当代中国发展进步的根本制度保障,中国特色社会主义文化是激励全党全国各族人民奋勇前进的强大精神力量。在实现中华民族伟大复兴的新征程上,应对重大挑战、抵御重大风险、克服重大阻力、解决重大矛盾,迫切需要迎难而上、挺身而出的担当精神。只要青年都勇挑重担、勇克难关、勇斗风险,中国特色社会主义就能充满活力、充满后劲、充满希望。广大青年要更加自觉地增强道路自信、理论自信、制度自信、文化自信,既不走封闭僵化的老路,也不走改旗易帜的邪路,保持政治定力,坚持实干兴邦,始终坚持和发展中国特色社会主义。

弘扬爱国主义精神,树立远大理想是基础,重在行动是关键。热爱祖国是心之所系、情之所归,也是立身之本、成才之基。青年理想远大、信念坚定,是一个国家、一个民族无坚不摧的前进动力。立大志、做大事,就是要把自己的小我

第三章　继承优良传统　弘扬中国精神

融入祖国的大我、人民的大我之中，与时代同步伐、与祖国共命运，更好实现人生价值、升华人生境界。离开了祖国需要、人民利益，任何孤芳自赏都会陷入越走越窄的狭小天地。新时代中国青年要树立马克思主义的信仰、中国特色社会主义的信念、中华民族伟大复兴中国梦的信心。坚定理想，心怀大我，到人民群众中去，到新时代新天地中去，才能让理想信念在创业奋斗中升华，让青春在创新创造中闪光。要重在行动，实干兴邦，以一生的真情投入、一辈子的顽强奋斗来实现爱国情怀。"不经一番寒彻骨，怎得梅花扑鼻香。"无论是实现中华民族伟大复兴，还是成就人生梦想，都不是轻轻松松、敲锣打鼓就能实现的。没有广大人民，特别是一代代青年前赴后继、艰苦卓绝的接续奋斗，就没有中国特色社会主义新时代的今天，更不会有实现中华民族伟大复兴的明天。唯有激发奋斗力量、扬起实干风帆，踏踏实实做好每一件事情，兢兢业业干好每一项工作，才能创造无愧于国家和人民的业绩。

一代人有一代人的长征，一代人有一代人的担当。新时代中国青年处在中华民族发展的最好时期，既面临着难得的建功立业的人生际遇，也面临着"天将降大任于斯人"的时代使命。建成社会主义现代化强国，实现中华民族伟大复兴，是一场接力跑。广大青年要认真贯彻落实习近平总书记的指示要求和谆谆教导，继续发扬伟大的五四精神，要"树立远大理想、热爱伟大祖国、担当时代责任、勇于砥砺奋斗、练就过硬本领、锤炼品德修为"，坚持新时代中国青年运动正确方向，坚持爱国与爱党、爱社会主义的高度统一，树牢"四个意识"，坚定"四个自信"，坚决做到"两个维护"，以实现中华民族伟大复兴为己任，不辜负党的期望、人民期待、民族重托，不辜负我们这个伟大时代，奋力谱写新时代实现中华民族伟大复兴中国梦的壮丽青春华章。

（资料来源：中国社会科学网，有改动）

阅读感言

"当代愚公"黄大发：绝壁天渠映初心

2021年6月29日，"七一勋章"颁授仪式在人民大会堂隆重举行，29名党员获得了"七一勋章"这项党内最高荣誉，带领村民历时36年在悬崖绝壁上开凿出"生命渠"的"当代愚公"黄大发也在此列。面对草王坝村（现贵州省遵义市播州区平正仡佬族乡团结村）山高坡陡、缺水致贫的状况，黄大发不屈不挠，带领群众通过不懈努力，修筑了一条跨3个村，主渠长7 200米，支渠长2 200米，绕三重大山、过三道绝壁（大土湾岩、擦耳岩、岩灰洞岩）、穿三道险崖的水渠，当地群众亲切地称之为"大发渠"。黄大发用一颗勇敢的心，践行了不忘初心、牢记使命的诺言。

1935年出生于贵州遵义播州区草王坝村的黄大发，自幼父母双亡，他是吃"百家饭"、穿"百家衣"，靠着远亲近邻的救济长大的。他发誓一定要为草王坝村做点事情，以报答父老乡亲的养育之恩。

黄大发性格朴实刚毅、大公无私、敢想敢干，23岁就当上了草王坝村大队长。这一年，他光荣入党。此后几十年里，黄大发曾先后担任过村主任、村支书等职务。

在1995年以前，黄大发所居住的草王坝村流传着这样一首民谣："山高石头多，出门就爬坡，一年四季苞谷沙，过年才有米汤喝。"这首民谣正是当时草王坝村的真实写照。因为没有水源，村子石漠化极其严重。这里吃水难，全村老少守着一口望天水井不分昼夜地排队挑水；种庄稼难，农民不敢种植水稻，只能种植苞谷、红苕、洋芋等耐旱的作物，用苞谷沙饭充当主食。当年，草王坝村的年人均粮食只有150斤。黄大发认为，造成这一切的原因是缺水，无水就是草王坝村的穷根。然而，与草王坝村缺水的窘境相比，几千米外的野彪村却水源充足。如果能修一条水渠，把水从野彪村引过来，就能解决草王坝村的饮水和灌溉问题了。

黄大发得到政府支持后，就带领村民开始了第一次修渠，这项工程被命名为"红旗水利"，寓意打造一条遵义的"红旗渠"。不懂技术，大伙只能用竖起的竹竿进行测量，用人眼去校瞄；缺少水泥，就直接在沟壁上糊黄泥巴。这样修筑出来的水渠难经风雨，只要洪水一来，几下子就被冲垮了。就这样，水渠修修补补多次，耗时10多年，黄大发和村民们也没能将水源引进草王坝村。

看到这种情况，村里不少人打起了退堂鼓，但黄大发却不肯服输。1989年，年过半百的黄大发到附近的水利站一边帮工一边学习。只有小学文化的黄大发从基础学起，下苦功夫，硬是掌握了许多修渠知识。1992年，他再次动员村民修渠。在修渠过程中，每次遇到困难，黄大发总是第一个冲在前面。他经常冒雨去18千米外的李村买炸材，生病受伤了也不愿意休息。修渠时，黄大发过手的流动资金近20万元，每笔账目他都记录得清清楚楚，将钱全部用在了"刀刃"上，其他地方则能省一分是一分。每次出差，黄大发舍不得下馆子吃一碗粉，常常是随便买一个泡粑充饥，或者向餐馆老板要一碗不要钱的汤当饭吃；住的是最便宜的3元旅社。一次，黄大发到县城办事，脚上穿着一双破旧的解放鞋，脚趾都露了出来。炸药厂的老板看见后，递上20元钱嘱咐黄大发买双新鞋穿，却被黄大发婉拒了。正如黄大发的老搭档、村会计杨春友所说："黄大发，抠啊，真是抠得很！"每次水泥运来的时候，车后颠落的水泥他都要清扫入库。他的老伴说，有一次家里的灶台破了想从工地上要一碗水泥补补，也被黄大发坚决制止了，他说公家的东西，一分一毫都不能占。1994年6月，水渠的主渠贯通，日夜期盼的水源终于流进了草王坝村。这条水渠西水东引，灌溉面积1 100多亩，350余户、1 200余人受益，彻底改变了草王坝村缺水的状况，结束了当地"滴水贵如油"和"一年四季苞谷沙，过年才有米汤喝"的历史。黄大发激动地说："我兑现了共产党员对群众的诺言。"看着耗费半生心血建起来的水渠，黄大发默默地流下了眼泪。

水渠修通之后，黄大发就马不停蹄地带领村民把村里的坡地改为梯田，将稻田从240亩增至720亩。昔日的荒坡变成了良田，草王坝村每年收获的稻谷多达80万斤。草王坝村的村民不仅可以顿顿吃上大米饭，而且还能向外出售大米了。紧接着，草王坝村通了电，修好了路。90年代，黄大发又号召村民选址修建学校。20年来，草王坝村相继考出了30多个大学生。

2004年，年近七旬的黄大发离任后，巡渠、护渠便成了他的主要工作。他还积极为草王坝村的发展建言献策。2017年，黄大发被聘请为播州区"新时代农民讲习所"的义务讲师，主动为干部职工和群众宣讲，将党的声音及时地宣传到群众中。

黄大发说："愚公移山就是为人民服务，让我再活一次，我还做'愚公'。"他将自己所有的心力和精神都放在带领乡亲搞经济建设上，"忠诚勇敢、永不放弃、清白干净、一心为民"这就是黄大发最好的写照！

（资料来源：新华网，有改动）

《思想道德与法治》学习与实践指导

阅读感言

二、推荐阅读

1.《中共中央关于党的百年奋斗重大成就和历史经验的决议》，人民出版社，2021年。

2.《新时代爱国主义教育实施纲要》，人民出版社，2019年。

3.《中国精神》编创组：《中国精神：中国共产党人的奋斗故事》，中共中央党校出版社，2020年。

4.辜鸿铭：《中国人的精神》，天津人民出版社，2016年。

三、至理名言

忧国忘家，捐躯济难。

——《三国志》

位卑未敢忘忧国。

——陆游

天下兴亡，匹夫有责。

——顾炎武

不论身在何处，心里都想着祖国母亲。如果你贫困，一想到祖国母亲，你就会变得富有；如果你困惑，一想到祖国母亲，你就会目的明确、步伐坚定。

——[科威特]穆尼尔·纳素夫

不忠不义，不爱祖国，无有良知，无有韧力，而此德行的沉沦，是任何国家、任何民族最不齿的。

——[波兰]显克微支

第四章

明确价值要求 践行价值准则

学习目标

☆ 熟悉社会主义核心价值观的基本内容，明确培育和践行社会主义核心价值观的重要意义。

☆ 理解社会主义核心价值观的价值理念、价值立场与道义力量。

☆ 按照践行和弘扬社会主义核心价值观的具体要求和努力方向，把社会主义核心价值观内化为自己的精神追求，外化为自觉的实际行动。

学习重点

☆ 掌握社会主义核心价值观的基本内容与显著特征。

☆ 明确积极践行社会主义核心价值观的基本要求。

学习方法

☆ 阅读教材和相关材料，掌握社会主义核心价值观的基本内容和重大意义。

☆ 阅读古今中外的相关著作，了解社会主义核心价值观的价值理念、价值立场与道义力量，坚定价值观自信。

☆ 阅读生活中的楷模事例，自觉践行社会主义核心价值观。

《思想道德与法治》学习与实践指导

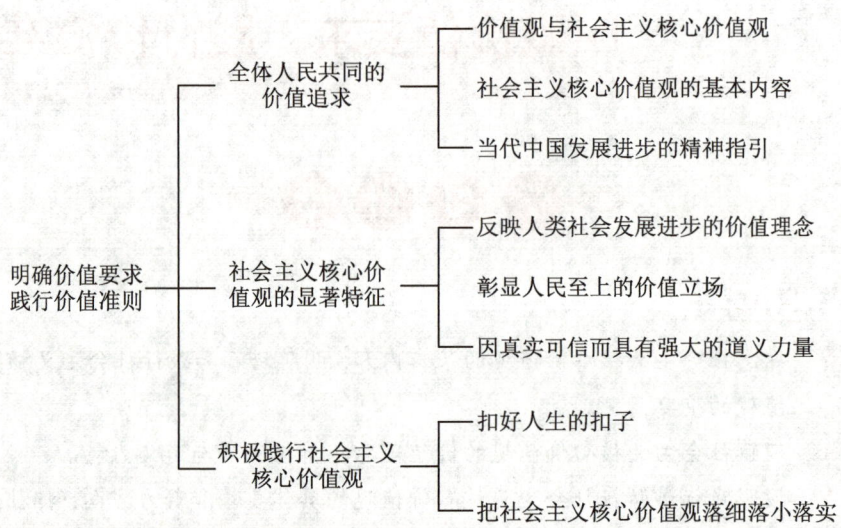

一、全体人民共同的价值追求

（一）价值观与社会主义核心价值观

1. 价值观与核心价值观

价值观就是主体对客体有无价值、价值大小的立场和态度，是对价值及其相关内容的基本观点和看法。大学生应认识到：① 价值观反映着特定的时代精神；② 价值观体现着鲜明的民族特色；③ 价值观蕴含着特定的阶级立场。

核心价值观是一定社会形态、社会性质的集中体现，在一个社会的思想观念体系中处于主导地位，体现着社会制度的阶级属性、社会运行的基本原则和社会发展的基本方向。

2. 社会主义核心价值观

党的十八大提出，要倡导富强、民主、文明、和谐，倡导自由、平等、公正、法治,倡导爱国、敬业、诚信、友善,积极培育和践行社会主义核心价值观。社会主义核心价值观的提出,鲜明确立了当代中国的核心价值理念,生动展现了中国共产党和中华民族高度的价值自觉与价值自信。

(二) 社会主义核心价值观的基本内容

1. 富强、民主、文明、和谐

富强是促进社会进步、人的自由全面发展的物质基础,体现了马克思主义唯物史观生产力标准的根本要求。富强就是人民的富裕和国家的强盛。

民主指的是社会主义民主,是人民当家作主。社会主义核心价值观倡导的民主是最广泛、最真实、最管用的社会主义民主。

解读社会主义核心价值观

文明是社会进步的重要标志,也是社会主义现代化国家的重要特征。

和谐是中华文明的核心价值理念。社会主义核心价值观倡导的和谐,是人与人、人与社会、人与自然,以及人的自我身心的有机统一。

2. 自由、平等、公正、法治

自由是社会活力之源,是社会主义的价值理想。

平等是人类追求的美好状态。

公正是人类社会进步的标尺,是社会主义制度的本质要求。

法治是人类政治文明的重要成果,是现代社会的主要特征。

3. 爱国、敬业、诚信、友善

爱国是最深沉、最持久的情感,是每个公民应当遵循的最基本的价值观念和道德准则,也是中华民族的优良传统。

敬业是对待生产劳动和人类生存的一种根本价值态度。

诚信是个人立身处世的基本价值规范,是社会存续发展的重要价值基石。

友善是维系良好人际关系和社会关系的基本价值准则。

(三) 当代中国发展进步的精神指引

1. 坚持和发展中国特色社会主义的价值遵循

社会主义核心价值观,集中体现了马克思主义所倡导的价值理念,是中国特色社会主义的根本价值导向。在全社会大力弘扬社会主义核心价值观，明确中国特色社会主义事业到底追求什么、反对什么，要朝着什么方向走、不能朝什么方向走，坚守我们的价值观立场，坚定中国特色社会主义的道路自信、理论自信、制度自信、文化自信，为社会的有序运行、良性发展提供明确价值准则，保证中国特色社会主义事业始终沿着正确方向前进，是中国特色社会主义的铸魂工程。

2. 提高国家文化软实力的迫切要求

培育和践行社会主义核心价值观，有利于增进国际社会对中国的理解，扩大中华文化的影响力，展示社会主义中国的良好形象；有利于增强社会主义意识形态的竞争力，掌握话语权，赢得主动权，逐步打破西方的话语垄断、舆论垄断，维护国家文化利益和意识形态安全，不断提高我们国家的文化软实力。

3. 推进社会团结奋进的"最大公约数"

培育和践行社会主义核心价值观，能够在具体利益矛盾、各种思想差异之上最广泛地形成价值共识，有效引领整合纷繁复杂的社会思想意识，有效避免利益格局调整可能带来的思想对立和混乱，形成团结奋斗的强大精神力量。

二、社会主义核心价值观的显著特征

（一）反映人类社会发展进步的价值理念

1. 体现社会主义的本质属性

"社会主义"是社会主义核心价值观的"底色"。社会主义核心价值观的先进性，集中体现在它是社会主义所坚持和追求的价值理念。

社会主义核心价值观清晰地展现了社会主义的基本特征和根本追求，渗透于经济、政治、文化、社会、生态文明建设的各个方面，是我国社会主义制度的内在精神之魂。

2. 扎根于中华优秀传统文化土壤

任何一种价值观都不可能凭空产生，总是有其特定的历史底色和精神脉络。中华优秀传统文化是涵养社会主义核心价值观的重要源泉。培育和弘扬社会主义核心价值观，必须从中华优秀传统文化中汲取丰富营养。

3. 吸纳世界文明有益成果

社会主义核心价值观吸纳了世界文明的有益成果。博采众长、兼容并蓄是中华文明的气质,社会主义核心价值观以海纳百川的气度广泛吸收借鉴了包括资本主义文明成果在内的人类一切文明成果,萃取精华、融会贯通,形成了具有世界视野、中国气派的价值观。

(二)彰显人民至上的价值立场

1. 尊重人民群众历史主体地位

中国共产党为人民而生,因人民而兴。人民是中国共产党执政的最深厚基础和最大底气,人民至上是社会主义核心价值观鲜明的价值立场。

2. 体现以人民为中心的价值导向

在领导中国特色社会主义建设的进程中,中国共产党始终坚持人民是历史创造者的观点,践行全心全意为人民服务的根本宗旨,坚持人民当家作主,坚持以人民为中心的发展思想,把人民对美好生活的向往作为奋斗目标。

(三)因真实可信而具有强大的道义力量

1. 社会主义核心价值观是真实可信的

社会主义核心价值观与以往价值观的一个重要区别在于其真实性。中国特色社会主义的成功也验证了社会主义核心价值观的正确性、可信性,使得社会主义核心价值观可以而且能够成为真切、具体、广泛的现实。

2. 认清西方"普世价值"的实质

"普世价值"就是一种极具迷惑性、欺骗性并且带有鲜明政治倾向的价值观。我们需要对此廓清思想迷雾,认清其实质和危害:①"普世价值"在理论上的虚伪性;②"普世价值"在实践上的虚伪性。

三、积极践行社会主义核心价值观

(一)扣好人生的扣子

大学时期是价值观养成的关键阶段。当代大学生要意识到自身肩负的历史使命,自觉加强价值观养成,树立正确的价值取向。

核心价值观的养成绝非一日之功。大学生要坚持由易到难、由近及远,从现在做起,从自己做起,努力把核心价值观的要求变成日常的行为准则,形成自觉奉行的信念理念，并身体力行大力将其推广到全社会去，为实现国家富强、民族振兴、人民幸福的中国梦凝聚强大的青春能量。

（二）把社会主义核心价值观落细落小落实

大学生弘扬社会主义核心价值观要做到：① 勤学。注重把所学知识内化于心，形成自己的见解，既有专攻，又要博览，努力掌握为祖国、为人民服务的真才实学，让勤于学习、敏于求知成为青春远航的动力。② 修德。既要立意高远，又要立足平实。③ 明辨。要增强自己的价值判断力和道德责任感，辨别什么是真善美、什么是假丑恶，自觉做到常修善德、常怀善念、常做善举。④ 笃实。要迈稳步子、夯实根基、久久为功。

培育和践行社会主义核心价值观，既要目标高远，保持定力、不懈奋进，又要脚踏实地，严于律己、精益求精。新时代大学生要将社会主义核心价值观转化为人生的价值准则，勤学以增智、修德以立身、明辨以正心、笃实以为功，在激扬青春、开拓人生、奉献社会的进程中书写无愧于时代的壮丽篇章。

【案例1】

陈金英：倾力还债　诚信诚心

陈金英，一位家住浙江丽水的耄耋老人。2020年的这个春节，陈金英过得格外舒心，因为春节前，她耗费10年，凭借自己的努力，不拖不欠，终于还清了所有欠款，也因此被大家称作"诚信奶奶"。

2021年2月5日，距离春节还有6天，90岁的陈金英赶往浙江金华，将7万元欠款还给了侄子陈其德。至此，她还清了共计2 077万元的欠款。那么，陈金英为什么会欠下这么多的钱？事情还要从30年前说起。

1984年，54岁的陈金英从乡镇卫生院退休后办起了中老年羽绒制品厂。因产品物美价廉，生意一度非常火爆，陈金英也在省内不少地市开了分店。2004年，

第四章　明确价值要求　践行价值准则

为了扩大生产，陈金英通过银行贷款、民间借贷及亲友借款等方式筹措了1 500多万元，在丽水市经济开发区盖了近6 000平方米的厂房。然而，新厂房投入生产没几年，工厂就开始走下坡路。由于当地其他羽绒服企业兴起，行业竞争激烈，再加上经营不善，陈金英的工厂资金链断裂，无法再经营下去。

此时，陈金英的工厂光是欠的利息就达到了1 300多万元，她仔细一算，负债总额竟高达2 077万元。要还这些钱，不仅要卖掉辛辛苦苦建起来的厂房，多年的积蓄也要填进去。于是，有人劝陈金英申请破产以躲避债务，但被她一口回绝。陈金英说："破产之后我就不能再做衣服了，也不能再生产了。那欠款不还能行吗？做人一定要诚实守信，所以我不能申请破产。我把厂房卖掉，钱还给银行。然后我自己继续做羽绒服，去还账。"就这样，陈金英低价变卖了厂房和市区的两处房产，偿还了银行1 727万元的债务，但是仍有350万元的资金缺口。这350万元，除了民间借贷的钱，还有当初从亲戚、朋友、同事那里借来的。2011年，在其他老人颐养天年的时候，80岁的陈金英独立承担起350万元的债务，踏上了"还债路"。

陈金英的儿女现在都是六七十岁的老人了，2021年均已退休。办厂的时候，陈金英想要让儿女继承产业，所以赠送了他们部分股份。变卖厂子时，考虑到儿女拖家带口不容易，陈金英坚决要求子女全部退股，所有债务由她一人承担。为了尽快还清欠款，陈金英决定重新起步。她东筹西借凑了10万元，租了一个小厂房，置办了一些机器，继续生产羽绒服，同时在市中心租了一间矮房当店面来卖羽绒服。可是谁都没有想到，打击随之而来，这一年，一直支持她的老伴因病去世了。生意失利和老伴过世，让陈金英受到了巨大的打击，但是她并没有被打垮。为了还债，她一个人去上海、杭州等地看布料、进货。为了在冬天销售旺季多卖一些，她还拉着车去各个乡镇集市摆摊售卖。

陈金英卖羽绒服还债的故事感动了很多人，大家纷纷前往她的小店购买羽绒服，帮她还债。陈金英还债的事情也引起了丽水市慈善总会、当地妇联等部门的关注。大家通过采购羽绒服、捐款等方式给予陈金英各种帮助。2017年，在大家的帮助下，陈金英的小店销售额第一次突破了100万元。

得到大家帮助的陈金英心怀感激，每年冬天都会捐赠一部分羽绒服做公益。这些捐赠的羽绒服，有的送到了受灾地区群众的手里，有的送到了慈善机构、敬老院。在陈金英的笔记本上，记录着她从1996年至今的部分捐赠项目，其中最多的一笔是84 000元，最少的也有1 000元，总金额达到了116万元。

2019年，陈金英89岁了，她的债务还剩下30多万元。由于年纪越来越大，精力越来越有限，陈金英便关停了小厂房，在老城区的一条小巷子里租了一间70平方米左右的店铺售卖库存羽绒服。2021年2月，陈金英终于还上了最后一笔7万元的欠款。2021年春节，无债一身轻的陈金英第一次给自己放了3天假。说起以后的打算，90岁高龄的陈金英说想考个中医医师证，重新拾起老本行。

（资料来源：央视网，有改动）

评析 坚守诚信的人生信条，不仅成为支撑陈金英寒来暑往卖货还债的精神信念，也成为打动大家伸出援手的信誉担保，最终助力老人走出债务困境。诚信是中华民族的传统美德，也是社会经济活动的道德基础和基本原则。"诚信奶奶"陈金英十年如一日的坚守，以实际行动诠释了诚信的可贵之处，为全社会树立了一个光辉典范。

大学生应努力成为诚信价值理念的坚定守护者，从自身做起，从小事做起，学会如何以诚待人、以信取人，积极营造"守信光荣、失信可耻"的社会风尚。

【案例2】

丛飞：歌声嘹亮多资助，义演百场无保留

丛飞，原名张崇，1969年10月出生于辽宁省盘锦市大洼县，1992年从沈阳音乐学院毕业后只身闯荡深圳。之后，他把名字改为"丛飞"，立誓要"从草丛中起飞"。之后，丛飞凭借出色的演唱技巧和模仿技巧，开始在深圳崭露头角，并得到了深圳观众的喜爱。

1994年，丛飞参加了一场在四川成都举行的失学儿童重返校园的慈善义演，之后便开始了长达11年的慈善资助。1997年，他参加了深圳义工联合会。年底，他担任了没有工资的义工联艺术团团长。从此，他到各地义演，每次上台，就有了这样一段开场白："我叫丛飞，来自深圳，义工编码是2478。帮助别人，我很快乐。"

第四章　明确价值要求　践行价值准则

丛飞走到哪里，就捐到哪里。他的足迹遍及贵州、四川、湖南、云南等地。1994年到2005年的11年间，丛飞义演300多场，参加了6 000余小时的义工服务，先后资助了183名贵州、湖南、四川等山区的儿童，无私捐助了150名失学儿童和残疾人，认养了孤儿37人。他曾说："我不能成就整个世界，却可以尽我所能成就一些孩子。"很多孩子，就因为丛飞的资助改变了命运。2005年4月，丛飞被诊断为胃癌。同年5月27日，丛飞躺在病床上加入了中国共产党。2006年4月20日晚8时，丛飞病逝，年仅37岁。作为一名歌手，丛飞的商演数量可观，本可以过上富裕生活，但他却倾其所有奉献社会。据统计，到去世前，丛飞几乎把自己的全部收入都捐给了失学儿童和残疾儿童，捐赠的各种钱物近300万元。在生命最后一刻，丛飞还不忘奉献社会。他把自己的眼角膜捐献出来，为眼疾患者带来了光明。

丛飞的事迹获得了社会的认可。2006年，丛飞被共青团中央、中国青年志愿者协会授予"中国十大杰出青年志愿者"称号；2009年，丛飞获得由中共中央宣传部等11个部委联合组织评选的"100位中华人民共和国成立以来感动中国人物"。他还多次获得"优秀青年志愿者""爱心市民""爱心大使"等荣誉称号。丛飞用短暂的生命谱写了一曲助人为乐、无私奉献的动人乐章。

（资料来源：人民网，有改动）

> **评析**　作为一名普通的歌手，丛飞在他短暂的一生中做出了不平凡的事，用自己的实际行动诠释着人生的价值。丛飞十一年的坚持启示我们，一个真正意义上的有为青年要有崇尚奉献、回报社会的责任心。
>
> 　　当代大学生应学习丛飞无私奉献的精神，努力做新时代的模范践行者，积极传播守望相助的正能量，以形成崇德向善的好风尚。同时，从身边的平凡小事做起，用一点一滴、实实在在的行动铸就中国青年正气凛然的铮铮铁骨。

习题演练

一、单项选择题

1. （　　）体现了社会主义核心价值体系在价值导向上的定位，是立足于社会层面提出的要求。
   A. 富强、民主、文明、和谐
   B. 自由、平等、公正、法治
   C. 爱国、敬业、诚信、友善
   D. 富强、和谐、自由、敬业

2. 倡导富强、民主、文明、和谐、自由、平等、公正、法治、爱国、敬业、诚信、友善、富强、和谐、自由、敬业的社会主义核心价值观是在党的（　　）上提出的。
   A. 十六大　　　　　　　B. 十七大
   C. 十八大　　　　　　　D. 十九大

3. 核心价值观是（　　）的灵魂。
   A. 文化软实力　　　　　B. 政治制度
   C. 科技活动　　　　　　D. 经济实力

4. 爱国、敬业、诚信、友善的社会主义核心价值观是从（　　）层面上定位的。
   A. 个人　　B. 国家　　C. 社会　　D. 公民

5. （　　）是涵养社会主义核心价值观的重要源泉，是中华民族的精神命脉。
   A. 中华优秀传统文化　　B. 中国特色社会主义建设实践
   C. 社会主义核心价值体系　D. 坚定价值观自信

6. 正确的（　　）能够引导大学生把人生价值追求融入国家和民族事业，始终站在人民大众立场，服务人民、奉献社会。
   A. 人生观　　B. 道德观　　C. 世界观　　D. 价值观

第四章　明确价值要求　践行价值准则

7. 韦编三绝、悬梁刺股、凿壁借光、囊萤映雪等故事都说明了我们应该要（　　）。

　　A．修德　　　B．笃实　　　C．勤学　　　D．明辨

8. （　　）的价值取向决定了未来整个社会的价值取向。

　　A．少年　　　B．青年　　　C．中年　　　D．老年

9. 历史和现实都表明，（　　）是一个国家的重要稳定器。

　　A．价值观　　B．核心价值观　C．意识形态　D．道德风尚

10. 2014年5月4日，习近平总书记在北京大学考察时指出："这就像穿衣服扣扣子一样，如果第一粒扣子扣错了，剩余的扣子都会扣错。人生的扣子从一开始就要扣好。"扣好第一粒扣子，强调的是（　　）。

　　A．青年学习目标确立　　　B．青年价值观养成

　　C．青年仪表注重　　　　　D．青年兴趣爱好培养

11. （　　）价值追求回答了我们要建设什么样的国家的重大问题。

　　A．富强、民主、文明、和谐　B．自由、平等、公正、法治

　　C．爱国、敬业、诚信、友善　D．富强、和谐、自由、敬业

12. 学会劳动、学会勤俭、学会感恩、学会助人、学会谦让、学会宽容、学会自省、学会自律，都是（　　）的表现。

　　A．明辨　　　B．修德　　　C．笃实　　　D．勤学

13. 下列选项中，不属于培育和践行社会主义核心价值观意义的是（　　）。

　　A．坚持和发展中国特色社会主义的价值遵循

　　B．提高国家文化软实力的迫切要求

　　C．推进社会团结奋进的"最大公约数"

　　D．继承中华优秀传统文化的精神命脉

14. 社会主义核心价值观具有强大的道义力量，主要体现在先进性、人民性和（　　）。

　　A．主体性　　B．道德性　　C．真实性　　D．历史性

15. 社会主义核心价值观与（　　）是紧密联系、互为依存、相辅相成的。

　　A．社会主义核心价值体系　　B．坚定价值观自信

　　C．人生观　　　　　　　　　D．世界观

16. 社会主义民主的本质是（　　）。
    A. 人民当家作主　　　　　　B. 实现全体人民的共同富裕
    C. 坚持人民代表大会制度　　D. 坚持政治协商制度
17. （　　）承载着一个民族、一个国家的精神追求，体现着一个社会评判是非曲直的价值标准。
    A. 社会主义价值观　　　　　B. 核心价值观
    C. 价值观自信　　　　　　　D. 核心价值观体系
18. "天下难事，必作于易；天下大事，必作于细。"下列选项中与本句的意思相近的是（　　）。
    A. 滴水穿石、久久为功　　　B. 见善则迁，有过则改
    C. 韦编三绝、悬梁刺股　　　D. 激浊扬清、抑恶扬善
19. （　　）是社会主义核心价值观鲜明的价值立场。
    A. 党的领导　　　　　　　　B. 人民当家作主
    C. 维护人民合法权益　　　　D. 人民至上
20. （　　）是社会主义核心价值观的根本特性。
    A. 主体性　　B. 先进性　　C. 人民性　　D. 真实性
21. （　　）是人类社会进步的标尺，是社会主义制度的本质要求。
    A. 富强　　　B. 公正　　　C. 平等　　　D. 敬业
22. 树立社会主义核心价值观的重要基础是（　　）。
    A. 知识　　　B. 品质　　　C. 思想　　　D. 实践

二、多项选择题

1. 社会主义核心价值观把涉及（　　）的价值要求融为一体。
    A. 个人　　　B. 国家　　　C. 社会　　　D. 公民
2. 社会主义核心价值观的提出，生动展现了中国共产党和中华民族高度的（　　）。
    A. 价值自信　B. 价值追求　C. 价值自觉　D. 价值实现
3. 社会主义核心价值观是当代中国精神的集中体现，是中国特色社会主义（　　）的价值表达。
    A. 文化　　　B. 制度　　　C. 理论　　　D. 道路

4. 下列选项中，强调中华优秀传统文化的有（   ）。

   A．"天行健，君子以自强不息"

   B．"大道之行也，天下为公"

   C．"民惟邦本"

   D．"名非天造，必从其实"

5. 下列选项中，关于价值观的认识，正确的有（   ）。

   A．价值观反映着特定的时代精神

   B．价值观体现着鲜明的民族特色

   C．价值观具有坚实的现实基础

   D．价值观蕴含着特定的阶级立场

6. 社会主义核心价值体系包括（   ）。

   A．毛泽东思想　　　　　　B．邓小平理论

   C．马克思主义指导思想　　D．社会主义荣辱观

7. 下列选项中，对社会主义核心价值观与社会主义核心价值体系关系的描述正确的有（   ）。

   A．社会主义核心价值观是社会主义核心价值体系的内核凝练

   B．社会主义核心价值观体现着社会主义核心价值体系的根本性质和基本特征

   C．社会主义核心价值观是社会主义核心价值体系的高度凝练和集中表达

   D．社会主义核心价值体系和核心价值观具有内在一致性

8. 社会主义核心价值观所倡导的民主是（   ）。

   A．最真实的民主　　　　　B．最管用的民主

   C．最广泛的民主　　　　　D．最直接的民主

9. 社会主义核心价值体系的基本内容包括（   ）。

   A．马克思主义指导思想

   B．中国特色社会主义共同理想

   C．以爱国主义为核心的民族精神和以改革创新为核心的时代精神

   D．社会主义荣辱观

10. 下列选项中，对于"普世价值"的描述，正确的有（　　）。

   A．"普世价值"具有普遍适用性

   B．"普世价值"的理论具有虚伪性

   C．"普世价值"是普照世界的"明灯"

   D．"普世价值"在实践上具有虚伪性

11. 坚定的核心价值观自信，是中国特色社会主义道路自信、理论自信、制度自信和文化自信的价值内核。坚定核心价值观自信的理由在于社会主义核心价值观具有（　　）。

   A．反映人类社会发展进步的价值理念

   B．彰显人民至上的价值立场

   C．因真实可信而具有强大的道义力量

   D．充分的价值包容

12. 大学生要切实做到（　　），使社会主义核心价值观成为一言一行的基本遵循。

   A．勤学　　　　　　　　B．明辨

   C．修德　　　　　　　　D．笃实

13. 坚定社会主义核心价值观自信，要求我们应（　　）。

   A．充分认识社会主义核心价值观的优越性及其在中华民族实现自己梦想的奋斗中所具有的重大意义

   B．充分认识外国核心价值观的道义力量

   C．自觉以社会主义核心价值观引领多样化的社会思潮，不断增强社会凝聚力和价值共识

   D．虚心学习借鉴人类社会创造的一切文明成果，但不能照抄照搬别国的发展模式

14. 中国共产党人的初心和使命是（　　），这也是我们党领导现代化建设的出发点和落脚点。

   A．坚持人民为中心　　　　B．为中国人民谋幸福

   C．为中华民族谋复兴　　　D．全心全意为人民服务

三、简答题

1. 如何理解核心价值观？

2. 2014年5月4日，习近平总书记在同北京大学师生座谈时指出："我们生而为中国人，最根本的是我们有中国人的独特精神世界，有百姓日用而不觉的价值观。"你是如何理解这句话的？

3. 当代大学生应如何培育和践行社会主义核心价值观？

《思想道德与法治》学习与实践指导

四、分析题

2016年10月21日,习近平总书记在纪念红军长征胜利80周年大会上的讲话上讲道:人无精神则不立,国无精神则不强。精神是一个民族赖以长久生存的灵魂,唯有精神上达到一定的高度,这个民族才能在历史的洪流中屹立不倒、奋勇向前。伟大长征精神,作为中国共产党人红色基因和精神族谱的重要组成部分,已经深深融入中华民族的血脉和灵魂,成为社会主义核心价值观的丰富滋养,成为鼓舞和激励中国人民不断攻坚克难、从胜利走向胜利的强大精神动力。

阅读上述材料,如何理解长征精神"成为社会主义核心价值观的丰富滋养"?

实践课堂

实践一:"做社会主义核心价值观的积极践行者"班会活动

【实践目的】

通过班会活动,努力将社会主义核心价值观内化为自己的精神追求,外化为自觉的实际行动,积极做弘扬社会主义核心价值观的践行者。

【实践方案】

时间:45分钟。

地点:教室。

参与人:学生、教师。

流程：

（1）学生在活动前搜集关于践行社会主义核心价值观的事迹资料。可以是名人事迹，也可以是自己身边发生过的事情。

（2）学生在活动中互相分享事迹资料，并根据这些事迹发表自己对"如何做社会主义核心价值观的积极践行者"的看法。

（3）教师在活动中，适当引导学生从"勤学、修德、明辨、笃实"四个方面践行社会主义核心价值观。

（4）班会总结：大学生应按照践行和弘扬社会主义核心价值观的具体要求和努力方向，把社会主义核心价值观内化为自己的精神追求，外化为自觉的实际行动，从一开始就把人生的扣子扣好。

【实践成果】

形成活动记录，交流心得体会。

实践二："对 24 字社会主义核心价值观的理解"街头采访活动

【实践目的】

通过街头采访活动，深入理解社会主义核心价值观的内容，使之成为自己日常的行为准则与自觉奉行的信念理念，并能身体力行地将其推广到社会中去。

【实践方案】

时间：周末。

地点：全市不限。

参与人：学生、教师。

流程：

（1）教师将全班同学分为 3 组，分别对国家层面、社会层面、公民层面的价值观进行采访，并规定采访时间。

（2）每组各选出一名小组负责人，由负责人分配本组的采访任务，要保证每个组员在采访任务中都有具体的分工。同时，各组在采访前要做好充分准备，如确定采访设备、采访地点、采访内容等。

（3）各组在采访活动中要做好采访记录，以确保采访内容的真实性。

（4）每组采访的内容以视频的方式呈现。

【实践成果】

形成采访记录，制作出采访视频。

一、精选阅读

习近平：青年要自觉践行社会主义核心价值观
——在北京大学师生座谈会上的讲话（节选）

同学们、老师们！

大学是一个研究学问、探索真理的地方，借此机会，我想就社会主义核心价值观问题，同各位同学和老师交流交流想法。

我想讲这个问题，是从弘扬五四精神联想到的。五四精神体现了中国人民和中华民族近代以来追求的先进价值观。爱国、进步、民主、科学，都是我们今天依然应该坚守和践行的核心价值，不仅广大青年要坚守和践行，全社会都要坚守和践行。

人类社会发展的历史表明，对一个民族、一个国家来说，最持久、最深层的力量是全社会共同认可的核心价值观。核心价值观，承载着一个民族、一个国家的精神追求，体现着一个社会评判是非曲直的价值标准。

古人说："大学之道，在明明德，在亲民，在止于至善。"核心价值观，其实就是一种德，既是个人的德，也是一种大德，就是国家的德、社会的德。国无德不兴，人无德不立。如果一个民族、一个国家没有共同的核心价值观，莫衷一是，行无依归，那这个民族、这个国家就无法前进。这样的情形，在我国历史上，在当今世界上，都屡见不鲜。

我国是一个有着13亿多人口、56个民族的大国，确立反映全国各族人民共同认同的价值观"最大公约数"，使全体人民同心同德、团结奋进，关乎国家前途命运，关乎人民幸福安康。

每个时代都有每个时代的精神，每个时代都有每个时代的价值观念。国有四

第四章 明确价值要求 践行价值准则

维,礼义廉耻,"四维不张,国乃灭亡"。这是中国先人对当时核心价值观的认识。在当代中国,我们的民族、我们的国家应该坚守什么样的核心价值观?这个问题,是一个理论问题,也是一个实践问题。经过反复征求意见,综合各方面认识,我们提出要倡导富强、民主、文明、和谐,倡导自由、平等、公正、法治,倡导爱国、敬业、诚信、友善,积极培育和践行社会主义核心价值观。富强、民主、文明、和谐是国家层面的价值要求,自由、平等、公正、法治是社会层面的价值要求,爱国、敬业、诚信、友善是公民层面的价值要求。这个概括,实际上回答了我们要建设什么样的国家、建设什么样的社会、培育什么样的公民的重大问题。

中国古代历来讲格物致知、诚意正心、修身齐家、治国平天下。从某种角度看,格物致知、诚意正心、修身是个人层面的要求,齐家是社会层面的要求,治国平天下是国家层面的要求。我们提出的社会主义核心价值观,把涉及国家、社会、公民的价值要求融为一体,既体现了社会主义本质要求,继承了中华优秀传统文化,也吸收了世界文明有益成果,体现了时代精神。

富强、民主、文明、和谐,自由、平等、公正、法治,爱国、敬业、诚信、友善,传承着中国优秀传统文化的基因,寄托着近代以来中国人民上下求索、历经千辛万苦确立的理想和信念,也承载着我们每个人的美好愿景。我们要在全社会牢固树立社会主义核心价值观,全体人民一起努力,通过持之以恒的奋斗,把我们的国家建设得更加富强、更加民主、更加文明、更加和谐、更加美丽,让中华民族以更加自信、更加自强的姿态屹立于世界民族之林。

建设富强民主文明和谐的社会主义现代化国家,实现中华民族伟大复兴,是鸦片战争以来中国人民最伟大的梦想,是中华民族的最高利益和根本利益。今天,我们13亿多人的一切奋斗归根到底都是为了实现这一伟大目标。中国曾经是世界上的经济强国,后来在世界工业革命如火如荼、人类社会发生深刻变革的时期,中国丧失了与世界同进步的历史机遇,落到了被动挨打的境地。尤其是鸦片战争之后,中华民族更是陷入积贫积弱、任人宰割的悲惨状况。这段历史悲剧决不能重演!建设富强民主文明和谐的社会主义现代化国家,是我们的目标,也是我们的责任,是我们对中华民族的责任,对前人的责任,对后人的责任。我们要保持战略定力和坚定信念,坚定不移走自己的路,朝着自己的目标前进。

中国已经发展起来了,我们不认可"国强必霸"的逻辑,坚持走和平发展道路，但中华民族被外族任意欺凌的时代已经一去不复返了！为什么我们现在有这样的底气？就是因为我们的国家发展起来了。现在，中国的国际地位不断提高、国际影响力不断扩大，这是中国人民用自己的百年奋斗赢得的尊敬。想想近代以来中国丧权辱国、外国人在中国横行霸道的悲惨历史，真是形成了鲜明对照！

中华文明绵延数千年，有其独特的价值体系。中华优秀传统文化已经成为中华民族的基因，植根在中国人内心，潜移默化影响着中国人的思想方式和行为方式。今天，我们提倡和弘扬社会主义核心价值观，必须从中汲取丰富营养，否则就不会有生命力和影响力。比如，中华文化强调"民惟邦本""天人合一""和而不同"，强调"天行健，君子以自强不息""大道之行也，天下为公"；强调"天下兴亡，匹夫有责"，主张以德治国、以文化人；强调"君子喻于义""君子坦荡荡""君子义以为质"；强调"言必信，行必果""人而无信，不知其可也"；强调"德不孤，必有邻""仁者爱人""与人为善""己所不欲，勿施于人""出入相友，守望相助""老吾老以及人之老，幼吾幼以及人之幼""扶贫济困""不患寡而患不均"，等等。像这样的思想和理念，不论过去还是现在，都有其鲜明的民族特色，都有其永不褪色的时代价值。这些思想和理念，既随着时间推移和时代变迁而不断与时俱进，又有其自身的连续性和稳定性。我们生而为中国人，最根本的是我们有中国人的独特精神世界，有百姓日用而不觉的价值观。我们提倡的社会主义核心价值观，就充分体现了对中华优秀传统文化的传承和升华。

价值观是人类在认识、改造自然和社会的过程中产生与发挥作用的。不同民族、不同国家由于其自然条件和发展历程不同，产生和形成的核心价值观也各有特点。一个民族、一个国家的核心价值观必须同这个民族、这个国家的历史文化相契合，同这个民族、这个国家的人民正在进行的奋斗相结合，同这个民族、这个国家需要解决的时代问题相适应。世界上没有两片完全相同的树叶。一个民族、一个国家，必须知道自己是谁，是从哪里来的，要到哪里去，想明白了、想对了，就要坚定不移朝着目标前进。

（资料来源：新华网，有改动）

第四章　明确价值要求　践行价值准则

阅读感言

让社会主义核心价值观植根于中华优秀传统文化沃土

任何时代的社会意识，都与已过往的社会意识有着密切联系，其产生与发展都是以前人积累为前提。价值观属于社会意识范畴，不可能脱离特定的历史条件和文化传统。核心价值观一定是在一个国家、一个民族长期发展中孕育形成的，反映着这个国家、这个民族的文化积淀和思想结晶。因此，社会主义核心价值观必须植根于中华传统文化的土壤，吸收合理成分，结合时代要求加以创造性转化与创新性发展，使中华民族最基本的文化基因与当代文化相适应、与现代社会相协调，才能茁壮地孕育发展起来。

社会主义核心价值观体现的是文化自觉与自信。任何文化都有其独特的生长环境，烙有各自特点的价值观念，如果罔顾这一规律和事实，强行移花接木、植树种草，必然会南辕北辙、事与愿违，甚至水土不服、一败涂地。综观西方"民主、自由、人权"等核心价值理念，虽然是伴随着资本主义的兴起而形成的，但其思想根源还是来自古希腊文明和基督教文明两个基本源头，并且历经了几个百年才最终塑身定型。如果不顾中国历史、文化和国情，完全照搬照抄西方的价值观，显然是不可行的，后果也是不堪设想的。事实证明，没有任何一个民族可以抛弃其文化传统而重新开始。毛泽东同志说："今天的中国是历史的中国的一个发展；我们是马克思主义的历史主义者，我们不应当割断历史。从孔夫子到孙中山，我们应当给以总结，承继这一份珍贵的遗产。"因此，社会主义核心价值观要赢得亿万群众，必须扎根于中华历史文化土壤，注重传承汲取传统价值的精华。社会主义核心价值观强调的"三个倡导"，以我国传统价值观念作为基本价值资源，赋予其符合时代要求的新内涵和新诠释，使其打上了鲜明的民族精神底色，展示出浑厚深沉的历史韵味和中国气派，这正是深刻把握价值观的发展规律，对中华传统文化自觉、文化自信的真实表现。

《思想道德与法治》学习与实践指导

"源"与"流"——中华优秀传统文化为社会主义核心价值观提供丰富滋养。源远流长、博大精深的中华优秀传统文化，积淀着中华民族最深层的精神追求，包含着中华民族最根本的精神基因，是社会主义核心价值观的深厚源泉。鲁迅先生说过："惟有民魂是值得宝贵的，惟有他发扬起来，中国人才有真进步。"他在《中国人失掉自信力了吗？》一文中又直书："我们从古以来，就有埋头苦干的人，有拼命硬干的人，有为民请命的人，有舍身求法的人……这就是中国的脊梁。"我们从一代一代众多仁人志士的人生实践中和中华民族传诵千古的经文典集里，都可以清楚地看到伟大的民族精神和高尚的社会风尚。从国家的价值目标上，以和为贵的"和合"精神是我国农业文明的重要价值，孔子主张"和为贵"，孟子强调"天时不如地利，地利不如人和"，老子认为"和"是万事万物生存的基础；利民、富民、民为贵的民本思想在传统文化中处处可见，认为"民为贵，社稷次之，君为轻""水则载舟，水则覆舟"；"大一统"一直贯穿于封建皇权思想始终，甚至尊秦始皇为"千古一帝"，主张国家的统一一致，反对分裂、抵御外侮，等等。从社会的价值取向上，"仁"的道德规范广泛渗透到社会各个领域，认为"仁者，爱人"，主张"克己复礼为仁""己所不欲，勿施于人"；倡行"中庸"价值，孔子称其为至德，强调人无论在任何情况下，言行都应该适度，无过无不及；常以"均"来表达平等的思想，《诗经》中有"大夫不均，我从事独贤"，《老子》中说："天地相合，以降甘露，民莫之令而自均"，孔子则提出"不患贫而患不均"的思想；憧憬"大道之行也，天下为公"的理想社会，等等。从公民的价值准则上，主张以伦理道德为内涵的"德行"文化，讲求敬祖、爱国、崇礼、厚德，倡导"仁爱孝悌"的道德准则，"身、家、国、天下"一体的人伦设计，并作为处世、立世、行世的基本准则和信条，等等。以上这些价值观念无论是对国家、民族还是个人都影响广泛，浸润深深，历久弥新，犹如源头活水，为社会主义核心价值观的形成发展，提供着巨大的动力和源泉支撑。

"继往"与"开来"——社会主义核心价值观是对中华传统文化的传承超越。中华文明前后相继、交相更替、生生不息，积累了丰富厚重的文化思想和历史积淀，创设了普遍认同的社会伦理和价值观念，形成了特点鲜明的传统美德和道德规范。特别是以"仁、义、礼、智、信、恕、忠、孝、悌"为核心的儒家思想，不仅成就了中国古代的社会生活秩序和个体生活秩序，放在今天也依然光芒四

第四章　明确价值要求　践行价值准则

射、魅力无穷。但同时也要看到，我国传统伦理道德和思想文化，是在对小农经济与封建政治关系的思考中形成发展起来的，一些价值观念必然会与现代社会建设和市场经济发展产生无法回避的矛盾甚至冲突。因此，对待传统文化，既不能回到过去、守旧复古，也不能一棍子打倒、全盘否定，而是要深入挖掘和提炼有益的思想价值，使之不断发扬光大，成为涵养民族价值观的不竭源泉。2013年11月，习近平总书记在山东考察调研时指出，一个国家、一个民族的强盛，总是以文化兴盛为支撑的，中华民族伟大复兴需要以中华文化发展繁荣为条件；对历史文化，特别是先人传承下来的道德规范，要坚持古为今用、推陈出新，有鉴别地加以对待，有扬弃地予以继承。社会主义核心价值观，既彻底批判了传统文化精神中封闭、狭隘、保守、落后、专制、奴化等弊病和局限性，又弘扬了其大同追求、自强不息、厚德载物等优秀品质，从而使核心价值观结合中国特色社会主义的理论和实践，沿着批判性、科学性、开放性、现代性进行了革命性重塑，建立起了人们易于接受、便于践行的新时代价值体系，其必然会在继承与扬弃中不断前行发展。

"本来"与"外来"——社会主义核心价值观兼收并蓄集内外于一体。任何一个国家、一个民族的文化，都有其既有的传统和固有的根本。抛弃传统、丢掉根本，就等于割断自身精神命脉，丧失自身特质。中华传统文化代表着中华民族独特的精神标识，是我们应当礼敬自豪对待的灵魂与母体，须臾不能脱离和怠慢。社会主义核心价值观只有坚守"本来"、萃取精华，才能展现自有的色彩、焕发无限生机，成为民族的、大众的、科学的价值理念。但坚守"本来"，并不意味着排斥其他文化的优秀成果。相反，在全球化、多元化的今天，社会主义核心价值观的培育，不仅需要从传统文化的最深处寻找能够获取民众认同、引起大众共鸣并最终引领中华民族前行的价值理念，同时也需要学习西方文化的优秀因子，广泛借鉴世界"外来"文明成果，反映人类最美好的目标理想和价值追求。我们既不能把西方的价值观念作为"普世价值"，又不能把属于人类社会普遍追求的精神价值拱手让给西方。坚守"本来"、吸收"外来"，关键是要坚持以马克思主义为指导，体现社会主义的本质，善于在与封建主义社会、资本主义社会等其他社会形态的对比中抓住最关键、最根本、最核心的精要，在多元中立主导、在多样中谋共识，使社会主义核心价值观充分反映社会主义的价值导向和本质属性。

　　以文化人、以文育人，在弘扬中华优秀传统文化中培育和践行社会主义核心价值观。核心价值观的培育和践行，是一个逐步积累、逐步认识、逐步形成共识的过程，贵在知行统一。而知是前提、是基础，内心认同才能自觉践行，春风化雨才能润物无声。这就需要我们想方设法地开掘好、利用好中华传统文化这个宝库，以更广范围、更深层面、更大力度地搞好宣传教育工作，使人们充分认识中华文化的历史渊源、发展脉络与基本走向，充分认识中华文化的独特创造、价值理念与鲜明特色，从而不断增强我们的文化自信与价值观自信。

（资料来源：人民网，有改动）

阅读感言

践行核心价值观青年应冲锋在前

　　时间之河川流不息，五四运动广大青年学生挽救民族危亡的呐喊声虽已过去了一百多年，但催人奋进的鼓点从未停止，它将新时代的广大青年引领至这于祖国同样万般重要的攻坚克难转型时期。新的历史时期有着新的际遇和机缘，也同样赋予了青年别样的历史使命。2016年4月26日，习近平总书记在知识分子、劳动模范、青年代表座谈会上强调："广大青年要自觉践行社会主义核心价值观，不断养成高尚品格。要以国家富强、人民幸福为己任，胸怀理想、志存高远，投身中国特色社会主义伟大实践，并为之终生奋斗。"

　　习近平总书记的这番讲话，与其说是对当下青年的谆谆教导，倒不如说他是用这语重心长的话语向我们道出了"踏实奋斗"与"核心价值观"之间的辩证关系。如果我们将"踏实奋斗"比喻成实现中国梦的力量源泉，那么，"核心价值观"便理所当然地成了引领方向的火车头。而对于思想尚未成熟、价值观尚处在摇摆阶段的青年一代来讲，其更应该冲锋在前，抓稳前行的"火车头"，在社会主义核心价值观的践行上为社会作出表率。

第四章　明确价值要求　践行价值准则

　　火车跑得快，全靠车头带。青年的价值取向不但决定了未来整个社会的价值取向，更决定着以后的中国走什么样的路、坚持什么样的发展理念。这就好比穿衣服扣扣子一样，如果第一粒扣子都扣错了地方，那么，剩余的也都会扣错。这其实也是从侧面要求青年一代要牢记心中使命，在核心价值观的养成上既要坚持基本的原则，又要稳扎稳打、步步推进，为将来社会的良善发展、为整个民族的伟大复兴奠定良好的基础。

　　为者常成，行者常至，思者常达。在如何践行核心价值观的问题上，2014年5月4日，习近平总书记在北京大学师生座谈会上也曾说过："核心价值观的养成绝非一日之功，要坚持由易到难、由近及远，努力把核心价值观的要求变成日常的行为准则，进而形成自觉奉行的信念理念。"这也就是说，核心价值观从来都不是高深莫测的教条规制，也不是写在书本上的生硬条款，其内在价值主要体现在个体的实际行动中。它是路人需要帮助时你上前搭把手的点滴温暖，是沉沦者消极避世时你不厌其烦的开导与鼓励，是工作岗位上你脚踏实地、求新求真的探索精神。不积跬步，无以至千里。只有当青年在这些小事中将核心价值观的具体内涵展现出来，核心价值观自身才可能在实践中不断完善、不断提高，它也才会在这样的现实"催化"下迸发出更加耀眼的生命力，缔造出更为深远的影响。

　　正如青年的人生之路有高山、有平川、有缓流、有险滩一样，核心价值观的践行过程也不可能一帆风顺。故而在这个过程中，青年朋友不但要练就同拜金主义、个人主义、享乐主义等歪风邪气坚决斗争的真本领，更要坚持原则，在传统与现代、东方与西方的对比中找到核心价值观的平衡点，将这个过程中的"小插曲""小挫折"一一克服。

　　中华民族伟大复兴的梦想正和着亿万民众铿锵有力的步伐坚定地前行着，全面深化改革、坚持绿色发展、科学发展的社会共识早已激荡起各族人民的澎湃激情，青年一代作为时代发展的排头兵，也理应在核心价值观的引领下"冲锋陷阵"，为国家的发展、社会的稳定创造出坚若磐石的精神和信仰力量，也唯有这样，火红的青春才会在为国家、为人民的奉献中焕发出绚丽光彩。

（资料来源：中国青年网，有改动）

阅读感言

张桂梅：用知识照亮大山女孩的梦想

张桂梅：燃烧自己，点燃梦想

2021年6月29日上午10时，"七一勋章"颁授仪式在人民大会堂隆重举行。作为勋章获得者之一的张桂梅穿着一身深色素衣，被人搀扶着走过红毯。张桂梅是云南省丽江华坪女子高级中学的校长，46年前，她从东北来到云南支边，后来成为一名教师，从此扎根于当地教育40余年。其间，张桂梅推动创办了面向贫困山区女孩的免费女子高中，帮助近2 000名贫困山区女孩圆了大学梦；2001年起，她兼任华坪孤儿院的院长，让172个孤儿有了温暖的家，被孩子们亲切地称为"张妈妈"。

"学生们远方有灯、脚下有路、眼前有光，在山沟沟里也能看到外面精彩的世界，看到美好的未来。"张桂梅在"七一勋章"颁授仪式上发言时说道，"只要还有一口气，我就要站在讲台上，倾尽全力、奉献所有，九死亦无悔！"

从东北到云南，命运让她与这里的学生紧紧相连

1974年，年仅17岁的张桂梅离开家乡黑龙江前往云南支援边疆建设。后考取师范学校，毕业后的她随丈夫来到大理白族自治州喜洲镇第一中学任教。1996年，张桂梅的丈夫不幸因胃癌去世。为了逃离伤心地，她申请调到了条件相对较差的丽江市华坪县民族中学。

从大理调到华坪不到一年，张桂梅被查出子宫内长有一个近五斤重的肌瘤，需要立即住院治疗。由于之前给丈夫治病已经花掉了家里几乎所有的积蓄，张桂梅决定放弃治疗。得知张桂梅的情况后，学校老师、县里领导都劝她不要放弃。为此，县里发出倡议为张桂梅募捐，一名家住山里的妇女，把仅有的5元钱回程路费都捐给了她。手捧着乡亲们的"情义"，张桂梅的泪水夺眶而出："华坪给了

第四章　明确价值要求　践行价值准则

我第二次生命，我一定要为华坪做些事，报答父老乡亲们！"

病好后，张桂梅立刻回到校园，把全部精力放在教学工作上。张桂梅十分关心学生，她发现学校里几乎每个班都是男生多女生少，有些女生读着读着就离开了学校。为了搞清楚这些女生辍学的原因，张桂梅挨个对这些辍学女生进行家访。和家长们一谈，张桂梅明白了：十几岁的姑娘就被家里定下婚事，要出嫁了。张桂梅不甘心这些女孩子就此失去用读书改变命运的机会，她找到当地的村干部进行沟通，拿出自己的工资补贴学生。她铁了心，无论如何也要把这些女孩子们带回去读书。

2001年，华坪儿童之家（福利院）成立，捐助方指定让身为教师的张桂梅兼任院长。儿童之家收养的孩子中有一部分是被遗弃的健康女婴，无儿无女的张桂梅便成了她们的"张妈妈"。渐渐地，张桂梅萌生了一个想法：筹建一所免费的女子高中。"女孩子受教育是可以改变三代人的。如果她们有文化，会把自己的孩子丢掉吗？会让孩子辍学吗？我的初衷就是解决低素质母亲和低素质孩子之间的恶性循环。"张桂梅说。

为什么不男女生一起招收呢？张桂梅也有自己的考虑。一次家访时，她发现有户人家的儿子才读初二，便可以进县城参加补习班，而他的姐姐已经高三了，却要被家长留在家里干农活。那一刻，张桂梅心里觉得，就算再难她也一定要办女高。

筹款路漫漫，不负苦心人

华坪县的教育经费本来就紧张，专门办一所全免费的女子高中，在旁人看来是太过疯狂的想法。但从2002年起，张桂梅就开始为这个不切实际的梦想四处奔波。她将自己所有的证件与获得的奖状证书都打印出来，摆在昆明街头募捐。筹款之路比张桂梅想象中困难许多，她经常被误解，被骂是骗子，但她从未想过放弃。但是，张桂梅用了五年寒暑假的时间募捐，也只筹集了1万元，这些钱远远不够开办一所学校。

好在天无绝人之路。2007年，张桂梅当选党的十七大代表。到北京开党代会时，一位细心的记者发现张桂梅穿的牛仔裤居然破了两个洞，于是她开始好奇张桂梅的故事。这之后，一篇《我有一个梦想》的报道让张桂梅和她的女高梦在全国传开，来自各方的捐款及当地政府的出资共同汇聚在一起，2008年8月，华坪女子高级中学（以下简称"华坪女高"）终于建成，张桂梅被任命为该校的党支部书记、校长。

无论如何要守住这块教育扶贫的阵地

学校建成之初，只有一栋孤单的教学楼，没有围墙、没有宿舍、没有食堂，也没有厕所，更没有保安。为了学生的安全，每天晚上张桂梅都会带着女教师住进由教室改成的学生宿舍，陪着学生过夜；男教师则在楼梯间用砖头和木板搭建起简易的床铺，轮流值守。由于条件非常艰苦，当时17名教职员工中有9名相继辞职离开，100名学生中也有6名提出转学。社会各界开始质疑学校能否办得下去，校园内也是人心惶惶，教师们担心万一哪天学校办不下去了，自己该何去何从。看出大家的顾虑后，张桂梅坚定地鼓励大家："我们留下来的8名教师中有6名是共产党员，战争年代只要党员在，阵地就会在，今天只要我们在，就会守住这块教育阵地。"在张桂梅的带领和感召下，女高的教师们教书育人的信念坚定了，战胜困难的决心增强了，心齐了，队伍稳了，精气神也迸发出来了。

为了让华坪女高的学生不再辍学，也为了让更多的女孩子走进女高读书，张桂梅经常进行家访。据统计，12年间她翻山越岭家访超过1600户，行程11万余千米。每次去家访，为了不给学生添麻烦，张桂梅总是带上馒头和矿泉水，从来不在学生家吃饭。前些年，许多村寨还没有完全通公路，往往走访一家就要走好几个小时的山路，严重的类风湿、骨质疏松、肺病和过度劳累导致张桂梅几次晕倒在路上。有一次，张桂梅在家访的途中不慎摔了一跤。几天后，同事发现咳嗽不停的她脸色不对劲，强制送她去医院检查才知道，她右侧第七、第八根肋骨断裂，肺部也感染了。看着检查结果，在场的人都哭了。

由于多年的超负荷工作，张桂梅的身体每况愈下，每天需要大把服药才能勉强支撑。年过六旬的她，被查出患有20多种疾病：左手骨瘤、右手神经末梢瘤、类风湿性关节炎、支气管炎、肺气肿、小脑萎缩……病痛已经让张桂梅无法继续站在讲台上授课，但她仍然每天早晨5点准时起床，挨个摁亮楼道里的灯，提着喇叭喊学生们晨读，晚上12点检查完所有的教室后她才休息。

大山女孩的梦想被——点亮

2021年6月7日，一年一度的高考开始了，张桂梅如往年一样，一大早护送女生们去考场。华坪女高的150名高三学生大声喊出誓词："我生来就是高山而

第四章 明确价值要求 践行价值准则

非溪流,我欲于群峰之巅俯视平庸的沟壑。我生来就是人杰而非草芥,我站在伟人之肩蔑视卑微的懦夫!"这个场景让无数人为之动容。

华坪女高的高考成绩也让人眼前一亮。据报道,2019年,该校一本上线率为40.67%,本科上线率为82.37%;2020年高考放榜,该校159名考生中150人考上本科,其中70人达到一本线。从2008年女高成立,已有将近2 000名女孩考上大学,还有的学生考到浙大、厦大、川大、武大等知名高校。但张桂梅对这个成绩还是不满意,她在接受央视"面对面"栏目采访时说道:"我想让孩子们全部上一本,或者是双一流,我还想让她们上清华北大。我想让山里的孩子也能走进最好的学校。"

6月8日下午,高考结束,华坪女高的毕业生们收拾行李,准备离校。这也是张桂梅的伤感时刻。她在学校定了一条规矩,"毕业以后走出女高,不准回来,飞出去就飞出去了……"

2020年12月,张桂梅被授予"时代楷模"称号。在央视综合频道《时代楷模发布厅》栏目中,一位当上警察的华坪女高毕业生来到现场,她流着泪向张桂梅致谢:"我们教学楼上写着一句话'让梦想飞越大山'。那时的我每天都可以看到那句话,但我并不知道大山外面究竟是什么。当我高中毕业,第一次离开县城,第一次穿上这身警服的时候,我才知道,如果没有张老师一天天的陪伴,就没有今天的我。"

"培养一批又一批学生,我内心非常满足,她们将来都能拥有美好的人生。"张桂梅说起学生,露出欣慰的笑容。的确,从华坪女子高中走出的许多学生都以张桂梅为榜样,她们能吃苦、肯奉献,在祖国最需要的地方绽放着美好的青春。

(资料来源:《新京报》,有改动)

阅读感言

《思想道德与法治》学习与实践指导

二、推荐阅读

1. 习近平：《培育和弘扬社会主义核心价值观》，《习近平谈治国理政》第1卷，外文出版社，2018年。

2. 习近平：《青年要自觉践行社会主义核心价值观——在北京大学师生座谈会上的讲话》，人民出版社，2014年。

3. 中共中央办公厅、国务院办公厅：《关于进一步把社会主义核心价值观融入法治建设的指导意见》，2016年。

4. 中华人民共和国国务院新闻办公室：《中国的民主》，人民出版社，2021年。

三、至理名言

没有工业，便没有巩固的国防，便没有人民的福利，便没有国家富强。

——毛泽东

生命不可能从谎言中开出灿烂的鲜花。

——[德]海涅

诚者，天之道也；思诚者，人之道也。

——孟子

博学之，审问之，慎思之，明辨之，笃行之。

——《礼记》

这就像穿衣服扣扣子一样，如果第一粒扣子扣错了，剩余的扣子都会扣错。人生的扣子从一开始就要扣好。

——习近平

一种价值观要真正发挥作用，必须融入社会生活，让人们在实践中感知它、领悟它。

——习近平

第五章

遵守道德规范 锤炼道德品格

学习目标

☆ 了解道德的起源、本质、功能及作用，明确社会主义道德的核心与原则。

☆ 了解中华传统美德的基本精神，熟悉中国革命道德的主要内容，用正确的态度和科学的方法借鉴和吸收人类文明优秀道德成果。

☆ 投身崇德向善的道德实践，自觉养成遵守社会公德、职业道德、家庭美德和个人品德的良好习惯，努力做社会主义道德的践行者、示范者和引领者。

学习重点

☆ 理解道德的本质、功能和作用。

☆ 掌握社会主义道德的核心和原则。

☆ 理解中华传统美德的基本精神。

☆ 掌握我国社会公德、职业道德、家庭美德的主要内容。

☆ 掌握锤炼高尚道德品格和践行道德修养的正确方法，在崇德向善的道德实践中积极引领社会风尚。

学习方法

☆ 阅读教材和相关材料，理解道德的基本理论，掌握社会主义道德的基本知识。

☆ 关注社会现实，向道德模范学习，把道德知识转变为道德行动。

☆ 身体力行地向道德模范学习，大力弘扬时代新风，不断强化社会责任意识、规则意识与奉献意识。

129

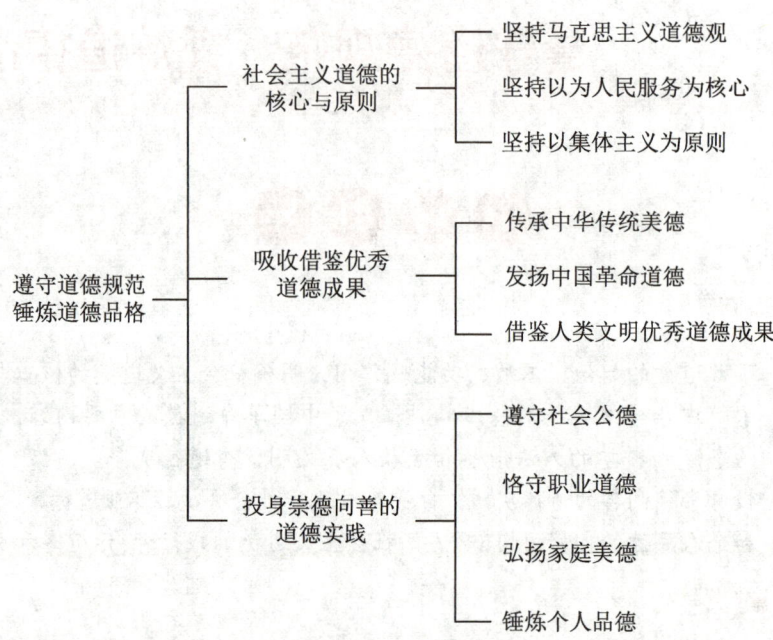

一、社会主义道德的核心与原则

（一）坚持马克思主义道德观

1. 道德的起源与本质

道德是一种特殊的社会意识形态，它是以善恶为评价方式，主要依靠社会舆论、传统习俗和内心信念来发挥作用的行为规范的总和。马克思主义道德观认为，人类社会的实际情况是，"物质生活的生产方式制约着整个社会生活、政治生活和精神生活的过程"。因此，道德的起源问题，必须从这一实际出发来认识和把握：① 劳动是道德起源的首要前提；② 社会关系是道德赖以产生的客观条件；③ 人的自我意识是道德产生的主观条件。

马克思主义在人类思想史上第一次科学而全面地论述了道德的起源问题，强调道德属于上层建筑的范畴，是一种特殊的社会意识形态，为正确认识和理解道德的本质奠定了基础。道德的本质如下：① 道德是反映社会经济关系的特殊意识形态；② 道德是社会利益关系的特殊调节方式；③ 道德是一种实践精神。

2. 道德的功能与作用

道德的功能，一般是指道德作为社会意识的特殊形式对于社会发展所具有的功效和作用。道德的功能是多元的，同时也是多层次的。在道德的功能系统中，认识功能、规范功能、调节功能是最基本的功能。

道德的作用是指道德的认识、规范、调节、激励、导向、教育等功能的发挥和实现所产生的社会影响及实际效果。道德作为维系社会稳定、促进国家发展的重要因素，对巩固特定社会的经济基础和上层建筑具有不可替代的重要作用。同时，道德作为激励人们改造客观世界和主观世界的一种精神力量，也是提高人的精神境界、促进人的自我完善、推动人的全面发展的内在动力。

3. 社会主义道德是崭新类型的道德

与以往社会的道德形态相比，社会主义道德具有显著的先进性特征。其先进性主要体现在：① 社会主义道德是社会主义经济基础的反映；② 社会主义道德是对人类优秀道德资源的批判继承和创新发展；③ 社会主义道德克服了以往阶级社会道德的片面性和局限性，坚持以为人民服务为核心，坚持以集体主义为原则，展现出真实而强大的道义力量。

（二）坚持以为人民服务为核心

1. 社会主义道德的本质要求

为人民服务是社会主义经济基础和人际关系的客观要求；为人民服务是社会主义市场经济健康发展的要求。

2. 先进性与广泛性的统一

为人民服务是先进性要求和广泛性要求的统一。为人民服务，既伟大又平凡，既高尚又普通，它并非高不可攀、遥不可及，而是可以通过不同层次、不同形式表现出来。

（三）坚持以集体主义为原则

1. 调节社会利益关系的基本原则

集体主义强调国家利益、社会整体利益和个人利益的辩证统一；集体主义强调国家利益、社会整体利益高于个人利益；集体主义重视和保障个人的正当利益。

2. 集体主义的层次性

根据我国现阶段经济社会生活和人们思想道德的实际，集体主义可分为三个层次的道德要求：① 无私奉献、一心为公；② 先公后私、先人后己；③ 顾全大局、遵纪守法、热爱祖国、诚实劳动，以正当合法的手段保障个人利益。

二、吸收借鉴优秀道德成果

（一）传承中华传统美德

传统道德是历史上不同时代人们的行为方式、风俗习惯、价值观念和文化心理的集中体现，是对道德实践经验的提炼总结。中华传统美德是人类文明发展的重要精神财富，是社会主义道德建设的源头活水。

1. 中华传统美德的基本精神

中华传统美德的基本精神如下：① 重视整体利益，强调责任奉献；② 推崇仁爱原则，注重以和为贵；③ 注重人伦关系，重视道德义务；④ 追求精神境界，向往理想人格；⑤ 强调道德修养，注重道德践履。

2. 中华传统美德的创造性转化和创新性发展

中华传统美德作为中国传统道德的精华部分，为今天的道德建设提供了丰富的资源。努力实现中华传统美德的创造性转化和创新性发展应做到：① 加强对中华传统美德的挖掘和阐发；② 用中华传统美德滋养社会主义道德建设。

（二）发扬中国革命道德

1. 中国革命道德的形成与发展

中国革命道德萌芽于五四运动前后，发端于中国共产党成立以后蓬勃发展的伟大工人运动和农民运动，经过土地革命战争、抗日战争、解放战争和社会主义革命、建设、改革的长期发展，逐渐形成并不断发扬光大。

中国共产党始终高度重视继承和发扬革命道德传统。中国革命道德作为一种精神力量对中国的革命、建设、改革事业发挥着极其重要的作用。弘扬中国革命道德，要同弘扬中华传统美德相结合。

2. 中国革命道德的主要内容

中国革命道德的主要内容如下：① 为实现社会主义和共产主义的理想信念而奋斗；② 全心全意为人民服务；③ 始终把革命利益放在首位；④ 树立社会新风，建立新型人际关系；⑤ 修身自律，保持节操。

3. 中国革命道德的当代价值

中国革命道德内容丰富、历久弥新，是中国共产党领导全体人民实现民族独立、人民解放的精神支撑，对于我们走好新时代的长征路，实现中华民族伟大复兴具有极其重要的现实意义：① 有利于加强和巩固社会主义和共产主义的理想信念；② 有利于培育和践行社会主义核心价值观；③ 有利于引导人们树立正确的道德观；④ 有利于培育良好的社会道德风尚。

（三）借鉴人类文明优秀道德成果

借鉴和吸收人类文明优秀道德成果，必须秉承正确的态度和科学的方法。要坚持马克思主义立场、观点、方法，在道德问题上把握好共性和个性、抽象和具体、一般和个别的关系。要坚持以我为主、为我所用，批判吸收其他国家的道德成果。

三、投身崇德向善的道德实践

（一）遵守社会公德

1. 公共生活与公共秩序

社会公德：新时代的新呼唤与新要求

公共生活具有以下四个方面的特征：① 活动范围的广泛性；② 活动内容的开放性；③ 交往对象的复杂性；④ 活动方式的多样性。

公共生活需要公共秩序。公共秩序是由一定规范维系的人们公共生活的一种有序化状态，如工作秩序、教学秩序、交通秩序、娱乐秩序、网络秩序等。

2. 公共生活中的道德规范

公共生活中的道德规范，即社会公德，是指人们在社会交往和公共生活中应该遵守的行为准则，是维护公共利益、公共秩序、社会和谐稳定的起码的道德要求，涵盖了人与人、人与社会、人与自然之间的关系。每一个社会成员，都应遵守以文明礼貌、助人为乐、爱护公物、保护环境、遵纪守法为主要内容的社会公德。

3. 网络生活中的道德要求

网络生活中的道德要求如下：① 正确使用网络工具；② 加强网络文明自律；③ 营造良好网络道德环境。

（二）恪守职业道德

1. 职业生活与劳动观念

职业生活是人们参与社会分工，用专业的技能和知识创造物质财富或精神财富，获取合理报酬，丰富社会物质生活或精神生活的生活方式。

正确的劳动观念是维系人们职业活动和职业生活的思想观念保障。在职业生活中，必须牢固树立"劳动最光荣、劳动最崇高、劳动最伟大、劳动最美丽"的观念，通过劳动创造更加美好的生活。

2. 职业生活中的道德规范

职业生活中的道德规范即职业道德，是指从事一定职业的人在职业生活中应当遵循的具有职业特征的道德要求和行为准则。爱岗敬业、诚实守信、办事公道、热情服务和奉献社会是职业生活中的基本道德规范。

3. 树立正确的择业观和创业观

树立正确的择业观和创业观，对于大学生顺利走进职业生活具有重要的现实意义。大学生应做到：① 树立崇高的职业理想；② 服从社会发展的需要；③ 做好充分的择业准备；④ 培养创业的勇气和能力。

（三）弘扬家庭美德

1. 注重家庭、家教、家风

注重家庭。家庭和睦则社会安定，家庭幸福则社会祥和，家庭文明则社会文明。

注重家教。应该把美好的道德观念从小就传递给孩子,引导他们有做人的气节和骨气,帮助他们形成美好心灵,促使他们健康成长。

注重家风。家风好,就能家道兴盛,和顺美满;家风差,难免殃及子孙、贻害社会。

2. 恋爱、婚姻家庭中的道德规范

恋爱中的道德规范主要有尊重人格平等、自觉承担责任和文明相亲相爱。家庭美德以尊老爱幼、男女平等、夫妻和睦、勤俭持家、邻里互助为主要内容。

3. 树立正确的恋爱观与婚姻观

大学生在恋爱中要避免以下误区:① 不能误把友谊当爱情;② 不能错置爱情的地位;③ 不能片面或功利化地对待恋爱;④ 不能只重过程不顾后果;⑤ 不能因失恋而迷失人生方向。

树立正确的恋爱观,大学生还要处理好几种关系:① 恋爱与学习的关系;② 恋爱与关心集体的关系;③ 恋爱与关爱他人和社会的关系。

(四)锤炼个人品德

1. 涵养高尚道德品格

个人品德是个体对某种道德要求认同和践履的结果,集中体现了道德认知、道德情感、道德意志、道德信念和道德行为的内在统一。大学生锤炼高尚道德品格,应做到:① 形成正确的道德认识和道德判断;② 激发正向的道德认同和道德情感;③ 强化坚定的道德意志和道德信念。

2. 道德修养重在践行

大学生投身崇德向善的道德实践,就要自觉加强道德修养,向道德模范学习,培养志愿服务精神,大力弘扬时代新风,做到:① 掌握道德修养的正确方法;② 向道德模范学习;③ 参与志愿服务活动。

3. 积极引领社会风尚

大学生投身崇德向善的道德实践,要弘扬真善美、贬斥假恶丑,做社会主义道德的示范者和引领者,促成知荣辱、讲正气、作奉献、促和谐的社会风尚。

拍案说理

【案例1】

郭万刚：四十年，兑现父辈绿色承诺

八步沙，位于腾格里沙漠南缘的甘肃省古浪县城东北30千米处、土门镇3千米处。20世纪六七十年代，这里饱受风沙肆虐之苦，经常是"一夜大风沙骑墙，早上起来驴上房"，如今这里生长着茂盛的林木，已成为沙漠中的一片绿洲。

1981年，随着国家三北防护林体系建设工程的启动和实施，年过半百的古浪县土门镇农民郭朝明、石满、贺发林、张润元、程海、罗元奎等六位村民，不甘心家园被沙漠吞噬，以联户形式组建了八步沙集体林场，誓要与沙漠寸土必争。于是，一头毛驴、一辆架子车、一个大水桶和几把铁锹，他们开始了治沙造林……为了赶进度，全家老少齐上阵；为了省时间，索性卷起铺盖住进沙窝里；没有房子住，就在沙地上挖个壕沟，用柴草搭个地窝铺住；没有炉子生火做饭，就用三块石头支口锅，开水泡馍当饭吃。大风一起，沙子刮到锅碗里，吃到嘴里把牙齿硌得生疼。

转眼到了第四个年头，那一年春天，雨水格外多，村民们种下的树苗成活了大半。望着一棵棵亲手栽种的花棒、梭梭长出了芽，村民们高兴地笑了。这一年，郭朝明等人在承包合同书上摁下了指印，他们约定，如果这辈子治不住沙，就让后人们去治。不管多苦多累，每家都要有一个继承人，一定要把八步沙管护好！

1983年3月，郭万刚的父亲，六位老汉中年龄最大的郭朝明病退；31岁的郭万刚在父亲劝说下，辞去土门镇供销社的工作，接替父亲来到八步沙。这一干，就是近40年。

1993年5月5日下午，郭万刚和罗元奎老人在八步沙巡林时，遭遇了一场特大沙尘暴，漫天的黄沙把白天变成了黑夜，在沙漠里他们晕头转向地乱闯了六七个小时后，才从沙窝里出来；等到半夜回到家里时，妻子眼泪汪汪地说以为他回不来了。后来郭万刚才知道，这场12级以上的"黑风暴"夺走了古浪县23条生

第五章 遵守道德规范 锤炼道德品格

命，其中还有好几个学生娃娃。这次的遭遇，让郭万刚真正认识到了自己坚守的是一份怎样的重担和承诺，也让他坚定了治沙的决心。

在治沙的 40 年中，5 位老人相继去世。为了兑现父辈们的绿色承诺，郭万刚带领第二代治沙人接过父辈手中的铁锹。经过多年苦战，八步沙变绿了，郭万刚则开始思考再次创业："八步沙虽然治住了，但它的北面还是寸草不生的大沙漠，不治理迟早是个害。林场要发展，就不能只守摊子。"于是，2003 年，郭万刚带领其他人主动跨区域承包治理八步沙北面 25 千米外的黑岗沙、大槽沙、漠迷沙三大风沙口，经过 12 年苦干，治理了 11.4 万亩的沙漠。2015 年秋季，他们又承包了八步沙 80 千米外的麻黄塘沙区 15.6 万亩封禁保护区的管护任务，并大规模开展治沙造林。至 2018 年春季，郭万刚带领八步沙林场职工们治沙造林 2 万多亩，草方格压沙 0.7 万多亩，封沙育林草 1.8 万亩，防沙治沙施工道路绿化工程 56 千米，栽植各类沙生苗木 800 多万株，为构建西北治沙屏障奠定了良好基础。

经过 40 年的努力，八步沙林场管护区内植被覆盖率由治理前的不足 3% 提高到 70% 以上，形成一条南北长 10 千米、东西宽 8 千米的防风固沙绿色长廊。从八步沙，到黑岗沙、大槽沙、漠迷沙三大风沙口，再到麻黄塘沙区，郭万刚带领八步沙林场完成治沙造林 23.7 万亩，封育管护面积达 43 万亩，相当于再造了 5 个八步沙林区。

从大力推进生态文明建设，到持续推进绿色发展、建设美丽中国，这里的绿洲在一天天"长大"，八步沙也迎来了新机遇，走向了提质增效的新阶段。如今，林场开始发展"沙产业"，建立人工种植梭梭苁蓉基地和枸杞、红枣等经济林基地，同时利用林间空地散养沙漠土鸡。林场里也多了年轻人的身影，他们不断创新治沙方式，将公益项目引入古浪县，通过短视频平台，把治沙造林的故事告诉更多网友，还开展直播"带货"等电商项目。2021 年以来，自发前来林场参观的全国各地访客数量超过 6 万人次，沙漠体验游正逐渐成为这里的新名片。

郭万刚等治沙人的坚守，换来了八步沙及周边的林草丰茂，也赢得了外界对治沙人的认可。2021 年 11 月 5 日，郭万刚被授予"第八届全国道德模范"荣誉称号，成为 13 名全国诚实守信模范之一。如今，郭万刚已年近古稀，虽然有时要去全国各地宣讲，但只要返回古浪县，他几乎每天都在林场里忙碌着，去林草管护站巡查、压麦草方格、给秋季栽植的苗木做沙土保温套袋……站在林场的观景栈道上,郭万刚总会想起父辈们治沙的故事和那些一刮沙尘暴就飞沙走石、拔树揭瓦的日子。他感慨道:"治沙造林改变了我的家乡,如今生活变好了,我们更要把治沙事业一代代传下去,守护好这来之不易的绿色。"

（资料来源：《人民日报》，有改动）

> **评析** 郭万刚40年如一日,从一名普通的护林员到治沙造林的带头人,带领八步沙林场一班人战风沙、斗严寒,以愚公移山的毅力创造了荒漠变林海的人间奇迹,用实际行动诠释了"绿水青山就是金山银山"的理念,为构筑西部生态安全屏障作出了积极贡献。
>
> 保护环境是社会公德的主要内容之一,大学生作为社会成员的一分子更应该肩负起保护环境及创造美好家园的责任,要做到像对待生命一样对待生态环境,尊重自然、顺应自然、保护自然,为建设美丽中国作出自己应有的贡献。

【案例2】

樊锦诗：扎根大漠心系敦煌的国宝守护人

樊锦诗,敦煌研究院名誉院长、研究馆员,兰州大学兼职教授、敦煌学专业博士生导师,1938年出生于北平。自1963年大学毕业后,她便开始了与莫高窟长达半个多世纪的相守。"当初留下,就是对莫高窟有感情。丝绸之路孕育了敦煌,在这片祁连山雪水灌溉的绿洲上,中西文明交流荟萃。古人的智慧和创造,为我们留下了伟大的文化艺术宝库莫高窟。"樊锦诗说。

住土屋,睡土炕,点油灯,喝咸水,贫瘠的戈壁没有吓跑这位北京出生、上海长大的女孩。夫妻常年两地分居,孩子寄养在农村,生活上的困难与揪心也没能让她离开。

"敦煌的材料无比广阔,内容无限丰富,工作多得不得了。"来到敦煌后,樊锦诗参加了莫高窟南区窟前遗址、敦煌七里镇汉墓等发掘清理工作。她运用考古类型学的方法,完成了敦煌莫高窟北朝、隋及唐代前期的分期断代,这成为学术界公认的敦煌石窟分期排年成果。

1985年至1986年,樊锦诗牵头负责莫高窟的申遗工作。樊锦诗说："申遗给

第五章　遵守道德规范　锤炼道德品格

了我莫大刺激，世界文化遗产真是不得了的事！我才知道，国际上有关文化遗产的公约、宪章，文化遗产完整性、真实性等理念，文物保护和旅游开放的关系，文物保护与法律等。"这件事促使她不再限于考古的天地，开始在实践中学习法律、管理学等知识和各类政策，下定决心"把老祖宗留下的遗产管好"。在她和同事的努力下，莫高窟在1987年成为中国首批进入世界文化遗产名录的遗产地，并逐步成为世界文化遗产保护和利用的全球典范。

她的另一大贡献，便是用数字化的方法"管好"了风沙中伫立千年的莫高窟。"与20世纪初拍摄的照片相比，很多壁画已经损坏模糊了。再往下发展下去，全都消失了怎么办？" 20世纪80年代末，出于这个担忧，樊锦诗积极探索与国内外机构的交流合作，花了20年时间，做成了高保真的敦煌石窟数字档案。

在她的倡导下，敦煌研究院创新旅游开放模式，在我国文化遗产地中率先开展游客承载量研究，并利用敦煌石窟数字档案建成了莫高窟数字展示中心。游客先观看数字电影了解莫高窟的前世今生，再前往洞窟领略千年前古人留下的慧心妙笔。"我们提倡负责任的旅游，对文物负责，也对游客负责。"她说。

樊锦诗卸任敦煌研究院院长，从繁重的管理工作中抽身后，便回归考古本行，接着做"该做的事"——考古报告。她用10余年时间，编写了30多万字的《敦煌石窟全集》第二卷《莫高窟第256—259窟考古报告》。

在自称"80后"的樊锦诗眼里，大漠戈壁中一代代人坚守接力，所要做的无非两件事：一是陪伴好莫高窟，二是不断地探索前进。

2021年11月，83岁的樊锦诗收获了一份沉甸甸的荣誉——全国道德模范。她一生简朴，淡泊名利，这些年所获的奖章、奖状、奖金，她悉数交回单位，她说："这不是我个人的荣誉，而是归于敦煌研究院几代人。"

"我相信事情是一棒接一棒地做。我做了我的这一段，现在能做一点是一点。我期待并且相信年轻人会做得更好，继承'莫高精神'砥砺前行，为人类的文化遗产作出新的更大的贡献。"樊锦诗说。

（资料来源：新华网，有改动）

评析　樊锦诗视敦煌石窟的安危如生命，扎根大漠，潜心石窟考古研究，完成了敦煌莫高窟北朝、隋、唐代前期和中期洞窟的分期断代。她是我国文物有效保护的科学探索者和实践者，长期扎根于大漠，潜心石窟考古研究，完成了敦煌莫高窟北朝、隋、唐代前期和中期洞窟的分期断代。在全国率先开展文物保护专项法规和保护规划建设，探索并形成石窟科学保护的理论与方法，为世界文化遗产敦煌莫高窟永久保存与永续利用作出了重大贡献。

一、单项选择题

1. 道德属于上层建筑的范畴，是一种（　　）。
   A. 特殊的社会意识形态　　B. 心理现象
   C. 经济现象　　D. 政治现象

2. 人类社会需要道德，也产生和发展了道德。下列选项中，科学说明了道德起源的是（　　）。
   A. 道德起源于人性中的情感或欲望
   B. 道德起源于人先天具有的某种良知
   C. 道德起源于"天"的意志或"神"的启示
   D. 道德产生于人类历史的发展和人们的社会实践中

3. （　　）的形成是道德赖以产生的客观条件。
   A. 社会关系　　B. 经济关系
   C. 风俗习惯　　D. 社会舆论

4. 道德是人类社会的特有现象，道德起源的首要前提是（　　）。
   A. 劳动　　B. 社会关系
   C. 人的自我意识　　D. 阶级的产生

5. 道德的本质是（　　）。
   A. 社会经济关系的反映　　B. 在法律上的反映
   C. 全体人民的意愿　　D. 统治阶级的意志

6. 作为人类社会特有的一种社会现象，道德是人类社会发展到一定阶段的必然产物。道德的产生、发展和变化，归根结底根源于（　　）。

　　A．社会政治关系　　　　　B．社会经济关系

　　C．社会法律关系　　　　　D．社会文化关系

7. 道德通过评价等方式，指导和纠正人们的行为和实际活动，协调人们之间的关系。这指的是道德的（　　）。

　　A．认识功能　　　　　　　B．教育功能

　　C．调节功能　　　　　　　D．沟通功能

8. 在人类历史上，原始社会的经济关系产生了原始共产主义道德，封建社会的经济关系产生了封建主义道德，资本主义社会的经济关系产生了资本主义道德，社会主义社会的经济关系产生了社会主义道德。这说明（　　）。

　　A．社会道德对社会经济关系具有决定作用

　　B．有什么样的社会经济关系就有什么样的社会道德

　　C．社会经济关系的性质并不决定社会道德体系的性质

　　D．社会道德的发展变化必然引起社会经济关系的发展变化

9. 奉献、友爱、互助、进步是（　　）的精神。

　　A．志愿服务　　　　　　　B．模范学习

　　C．知行合一　　　　　　　D．积善成德

10. 毛泽东曾说："我们这个民族有数千年的历史，有它的特点，有它的许多珍贵品。今天的祖国是历史的中国的一个发展，我们是马克思主义的历史主义者，我们不应当割断历史。从孔夫子到孙中山，我们应当给以总结，继承这一份珍贵的遗产。"根据这一说法，中国特色社会主义道德建设应当（　　）。

　　A．与国际社会接轨

　　B．与社会主义法律相协调

　　C．与中华民族传统美德相承接

　　D．与社会主义市场经济相适应

11. "国而忘家，公而忘私""苟利国家生死以，岂因祸福避趋之"等思想表达的中华民族的传统美德是（　　）。

　　A．提倡人伦价值，正视道德义务

B. 重视整体利益，强调责任奉献

C. 追求精神境界，向往理想人格

D. 强调道德修养，注重道德践履

12. 道德能够帮助人们正确认识社会生活的规律和原则，认识人生的价值和意义，认识自己对家庭、他人、社会的义务和责任，使人们的道德实践建立在向善避恶的认识基础上，引导人们正确选择道德行为。这说明道德具有（　　）。

A. 调节功能　　　　　　　　B. 激励功能

C. 认识功能　　　　　　　　D. 评价功能

13. 社会主义道德坚持以（　　）为核心，坚持以（　　）为原则，展现出真实而强大的道义力量。

A. 集体主义　为人民服务　　B. 为人民服务　集体主义

C. 社会主义　为社会服务　　D. 为社会服务　社会主义

14. 在我国，国家利益、社会整体利益和个人利益根本上的一致性，使得（　　）应当而且能够在全社会范围内贯彻实施。

A. 马克思主义　　　　　　　B. 社会主义

C. 个人主义　　　　　　　　D. 集体主义

15. 中国革命道德发端于（　　）。

A. 五四运动前后

B. 中国共产党成立以后蓬勃发展的伟大工人运动和农民运动

C. 土地革命战争、抗日战争、解放战争

D. 社会主义革命

16. "文明礼貌、助人为乐、爱护公物、保护环境、遵纪守法"是（　　）。

A. 社会公德的主要内容　　　B. 职业道德的基本要求

C. 人际交往的基本原则　　　D. 共同合作的道德原则

17. "干一行爱一行，爱一行钻一行，钻一行精一行"体现了（　　）的职业操守。

A. 诚实守信　　　　　　　　B. 爱岗敬业

C. 热情服务　　　　　　　　D. 奉献社会

第五章 遵守道德规范 锤炼道德品格

18. 维护公共生活秩序的重要条件是（ ）。

    A．遵纪守法　　　　　　B．保护环境

    C．文明礼貌　　　　　　D．爱护公物

19. 集体主义是社会主义道德的原则。长期以来，集体主义已经成为调节国家利益、社会整体利益和个人利益关系的基本原则。集体主义的最高层次是（ ）。

    A．无私奉献、一心为公　　B．先公后私、先人后己

    C．顾全大局、遵纪守法　　D．热爱祖国、诚实劳动

20. （ ）既是做人的准则，也是对从业者的道德要求。

    A．诚实守信　　　　　　B．奉献社会

    C．热情服务　　　　　　D．办事公道

21. （ ）是社会主义道德区别和优越于其他社会形态道德的显著标志。

    A．诚实守信　　　　　　B．无私奉献

    C．为人民服务　　　　　D．先人后己

22. 下列选项中，不属于婚姻家庭生活中的道德规范的是（ ）。

    A．尊老爱幼　　　　　　B．男女平等

    C．持之以恒　　　　　　D．夫妻和睦

23. 从业人员对待职业服务对象的态度不能有亲疏、贵贱之分，不管是领导还是群众，是熟人还是生人，是强者还是弱者，都应自觉遵守规章制度，一视同仁、周到服务。这是职业道德建设中（ ）。

    A．办事公道的要求　　　B．爱国守法的要求

    C．尊老爱幼的要求　　　D．助人为乐的要求

24. 在2022年北京冬奥会期间，奥运志愿者的"微光"点亮了北京这座"双奥之城"，生动诠释了奉献、有爱、互助、进步的志愿服务精神。其中，志愿服务精神的精髓是（ ）。

    A．互助　　　　　　　　B．友爱

    C．奉献　　　　　　　　D．进步

25. 大学生应当坚持（ ），成为净化网络空间的积极力量。

    A．传播网络谣言　　　　B．进行网络攻击

    C．文明上网　　　　　　D．诉诸语言暴力

26. 个人品德的养成既要加强个人道德修养的自觉性，也要积极进行（　　）。
    A. 自我审度　　　　　　　B. 自我教育
    C. 社会实践　　　　　　　D. 课外实践

27. （　　）是社会文明发展的重要表现。
    A. 有序的公共生活　　　　B. 和谐的社区生活
    C. 繁荣的经济发展　　　　D. 和谐的家庭生活

28. 社会公德、职业道德和家庭美德建设，最终都要落实到（　　）。
    A. 整个社会道德水平的提高上
    B. 个人品德的养成上
    C. 公民文化素养的养成上
    D. 社会物质生活水平的提高上

29. 网络生活中更要求人们形成道德自律是因为网络生活的（　　）。
    A. 信息广泛性　　　　　　B. 方便快捷
    C. 虚拟性　　　　　　　　D. 覆盖面广

30. 道德修养是一个循序渐进的过程，古人云："积土成山，风雨兴焉；积水成渊，蛟龙生焉；积善成德，而神明自得，圣心备焉。故不积跬步，无以至千里；不积小流，无以成江海。"与这段话在含义上近似的是（　　）。
    A. "仁远乎哉？我欲仁，斯仁至矣"
    B. "勿以善小而不为，勿以恶小而为之"
    C. "君子求诸己，小人求诸人"
    D. "有能一日用其力于仁乎矣？我未见力不足者"

二、多项选择题

1. 在道德的功能系统中，最基本的功能有（　　）。
   A. 导向功能　B. 认识功能　C. 激励功能　D. 调节功能

2. 道德是反映社会经济关系的特殊意识形态。道德的产生、发展和变化，归根结底根源于社会经济关系。因为（　　）。
   A. 道德的性质和基本原则、规范反映了与之相应的社会经济关系的性质和内容
   B. 道德随着社会经济关系的变化而变化

C. 道德作为一种社会意识，在阶级社会里总是反映着一定阶级的利益

D. 作为社会意识的道德一经产生，便有相对独立性

3. 职业生活中的基本道德规范包括（　　）。

A. 办事公道　　　　　　B. 勤俭持家

C. 奉献社会　　　　　　D. 热心公益

4. 大学生要做社会主义道德的示范者和引领者，在全社会推动形成（　　）的社会风尚。

A. 知荣辱　　　　　　　B. 讲正气

C. 作奉献　　　　　　　D. 促和谐

5. 公共生活的主要特征有（　　）。

A. 活动范围的广泛性　　B. 交往对象的复杂性

C. 活动方式的多样性　　D. 活动内容的开放性

6. 在对待传统道德的问题上，应反对的错误思潮有（　　）。

A. 个人主义　　　　　　B. 复古论

C. 虚无论　　　　　　　D. 普世价值

7. 下列选项中，表现了中华传统美德中推崇仁爱原则，注重以和为贵精神的有（　　）。

A. 己欲立而立人，己欲达而达人

B. 苟利国家生死以，岂因祸福避趋之

C. 兼相爱，交相利

D. 明于庶物，察于人伦

8. 在借鉴和吸收人类文明优秀道德成果时，我们（　　）。

A. 必须秉持正确的态度和科学的方法

B. 要坚持马克思主义立场、观点、方法

C. 要在道德问题上把握好共性和个性、抽象和具体、一般和个别的关系

D. 要坚持以我为主、为我所用，批判吸收其他国家的道德成果

9. 公共生活是人类社会生活的一个重要方面。随着经济社会的发展，公共生活的领域还在逐渐扩大。当代社会，公共生活的特点有（　　）。

A. 活动范围广泛　　　　B. 交往对象简单

C. 活动方式多样　　　　D. 活动结果相关

10. 大学生需要（　　），逐步树立正确的择业观。

　　A. 树立崇高的职业理想　　　B. 服从社会发展的需要

　　C. 做好充分的择业准备　　　D. 做好充分的职业规划

11. 道德作为一种道德现象，其产生与发展经历了一个漫长的历史过程。下列说法中反映道德起源的有（　　）。

　　A. 社会关系的形成是道德产生的客观条件

　　B. 道德在社会生活中所起的作用越来越重要

　　C. 人类自我意识的形成与发展是道德产生的主观条件

　　D. 劳动是人类道德起源的第一历史前提

12. 中华传统美德的基本精神包括（　　）。

　　A. 重视整体利益，强调责任奉献

　　B. 推崇仁爱原则，注重以和为贵

　　C. 注重人伦关系，重视道德义务

　　D. 追求精神境界，向往理想人格

13. 社会主义道德建设以集体主义为原则。集体主义原则的基本内涵包括（　　）。

　　A. 强调集体利益高于个人利益

　　B. 强调小团体主义、本位主义倾向

　　C. 强调集体利益与个人利益的辩证统一

　　D. 强调重视、保障、发展个人的正当利益和自觉创造精神

14. 下列选项中，关于加强中华传统美德的创造性转化与创新性发展的说法，正确的有（　　）。

　　A. 加强对传统美德的挖掘和阐发

　　B. 推崇仁爱原则，追求人际和谐

　　C. 以开放的胸怀和视野吸收借鉴人类文明的有益道德成果

　　D. 用中华传统美德滋养社会主义道德建设

15. 中国革命道德的主要内容包括（　　）。

　　A. 为实现社会主义和共产主义的理想信念而奋斗

　　B. 全心全意为人民服务

C. 始终把革命利益放在首位

D. 树立社会新风，建立新型人际关系

16. 发扬光大中国革命道德的意义有（　　）。

A. 有利于加强和巩固社会主义和共产主义的理想信念

B. 有利于培育和践行社会主义核心价值观

C. 有利于引导人们树立正确的道德观

D. 有利于培育良好的社会道德风尚

17. 积极投身崇德向善的道德实践应该从（　　）做起。

A. 践行社会主义荣辱观　　B. 参加志愿服务和学雷锋活动

C. 培养诚实守信的良好品质　　D. 养成节俭节约的良好习惯

18. 网络生活中的道德要求包括（　　）。

A. 正确使用网络工具　　B. 健康进行网络交往

C. 自觉避免沉迷网络　　D. 养成网络自律精神

三、简答题

1. 结合实际，谈谈道德的作用。

2. 谈谈社会主义道德为什么要以为人民服务为核心、以集体主义为原则。

3. 结合实际，谈谈新时代大学生如何传承中华传统美德和弘扬中国革命道德。

4. 结合自身实际，谈谈如何理解社会公德、职业道德、家庭美德、个人品德的基本要求。

四、分析题

随着互联网的快速发展，近年来网络谣言也在滋生蔓延，既有针对公民个人的诽谤，也有针对公共事件的捏造。网络谣言不仅败坏个人名誉，给受害人造成极大的精神困扰，更损害国家形象，影响社会稳定。近期，北京公安机关查处在网上蓄意造谣传谣、非法获利的"网络推手"公司，网络红人"秦火火""立二拆四"等人也因涉嫌犯罪被依法追究刑事责任。网络谣言的危害不容小视，必须依法惩处。

根据警方的调查，秦火火涉及在新浪微博造谣传谣3 000条左右。据秦火火称，网络炒作必须要"忽悠"网民，使他们觉得自己是"社会不公"的审判者，只有反社会、反体制，才能宣泄对现实的不满情绪，才能将那些人一辈子赢得的荣誉一夜之间摧毁。他叫嚣:"谣言并非止于智者,而是止于下一个谣言。"故而长期在网上搬弄是非、颠倒黑白、攫取利益、为所欲为,严重扰乱了网络秩序。

结合材料谈一谈维护网络秩序的必要性及加强网络道德建设的必要性。

实践一:"道德建设,我们该做什么?"讨论活动

【实践目的】

通过集体讨论,了解道德建设的必要性,积极为道德建设献计献策。

【实践方案】

时间:45分钟。

地点:教室。

参与人:学生、教师。

流程:

(1)教师组织学生分组,5人一组,并选出一名组长和一名记录员。

(2)组长明确讨论的主题和方向,组织小组成员就道德的认识、践行、宣传、传承等方面进行讨论。

(3)每人有2次发言机会,每次发言时间不超过2分钟,由记录员控制发言时间,并记录发言内容。

(4)发言完毕后,各组成员就"如何进行道德建设"进行讨论,并形成简要结论。

(5)各组组长轮流陈述本组的结论,并做简要解释。

(6)教师对此次讨论进行总结。

【实践成果】

形成发言记录，讨论结果。

实践二：大学生社会公德状况调查活动

【实践目的】

通过调查活动，增强社会公德意识，从而自觉提高道德修养。

【实践方案】

时间：1周。

地点：校园。

参与人：学生、教师。

流程：

（1）教师对全班学生进行分组，每组10人左右，并选出各组组长。

（2）各小组分别设计调查问卷，问卷内容应贴近大学生的学习与生活。调查问卷可以是纸质的，也可以是网络问卷。

（3）各小组发放问卷时，应向被调查者简要说明调查的目的，以征得他人配合调查。收回问卷时，要及时进行整理并统计调查结果。

（4）各小组要认真分析调查结果，得出结论，并撰写调研报告。

【实践成果】

搜集调查问卷，撰写调研报告。

一、精选阅读

充分发挥道德模范带动引领作用

2021年11月5日上午，习近平总书记在人民大会堂亲切会见了第八届全国道德模范及提名奖获得者。这充分体现了党中央和习近平总书记对道德建设的高

第五章　遵守道德规范　锤炼道德品格

度重视，对道德模范的诚挚关怀。

2021 年是中国共产党成立 100 周年，也是"十四五"开局之年。本届全国道德模范评选紧紧围绕庆祝中国共产党成立 100 周年这条主线，聚焦奋斗"十四五"、奋进新征程，结合决胜全面小康、决战脱贫攻坚等重大事件，推选出 322 名候选人。最终，张桂梅等 68 人获"第八届全国道德模范"荣誉称号，李增军等 254 人获"第八届全国道德模范提名奖"。

通过树立道德榜样，发挥道德模范的示范作用，弘扬中华民族传统美德，可以进一步提升群众性精神文明创建的质量和实效，从而激发全社会向上向善的正能量。用好道德模范这一"精神富矿"和正向标杆，积极宣传道德模范的先进事迹，大力尊崇道德模范的高尚精神，可以为建设新时代中国特色社会主义提供不竭的精神动力和思想滋养，也可以为每个人加强道德修养、树立高尚人生追求起到引导与推动作用。

时代发展需要道德模范，社会进步呼唤道德模范，个人成长同样离不开道德模范的感召和激励。我们敬佩和赞赏道德模范，并高度褒扬和大力倡导他们的道德行为和道德精神，是由于在这些道德模范身上体现了不计较个人利益而甘于奉献社会的高洁品性和无私胸襟。他们总能在平凡的工作岗位上一步一个脚印地实践自己的人生价值，把自我价值实现融于为他人、为社会的服务之中，他们的优秀事迹和道德品质能够被人们广泛传颂和发扬光大，是其人格力量在普通大众生活中的充分展示。社会支持和鼓励个体发展自身的道德价值，而且普通人在注重自身物质生活满足的同时，也有改善自我精神生活状况的意愿。只有具备了这样的社会文明发展基础，我们才有理由相信道德模范能够在更多普通人生活中发挥带动和示范作用。

道德模范有其时代的特征和烙印。不可否认，随着社会主义市场经济的建立和发展，社会成员的个体生活有了更强的自主性和更大的独立性，人们更加注重自由选择生活方式的权利，这是社会发展进步的重要标志。但是，无论社会怎样发展，生活方式如何变革，道德模范所体现的道德人格永远是社会所需要的宝贵品质。一生致力于国家粮食安全的袁隆平，纵身跳入寒江英勇救人的孟祥斌，30 年如一日扎根于基层的"导弹兵王"王忠心……道德模范的人格力量不会因为时代的变迁而减弱。相反，道德模范精神始终保持着旺盛的生命力，影响着一代代人成长进步，这固然与持续不断的宣传推介有关，但支撑道德模范精神经久不衰的主要因素是其高尚的道德人格力量。

道德人格不是空泛抽象的，人格的培养也不是短时间所能完成的，它体现在平常生活的一点一滴中，贯穿于人的一生。马旭、王继才、沙子呷等道德模范都是普通人，都有普通人的喜怒哀乐。然而，平凡生活之上的道德人格又使其彰显出崇高的力量，值得人们尊重和学习。向道德模范学习，并不是要求普通人完全放弃个人的利益，只强调为社会作贡献，而是希望普通人在日常工作和生活中注重强化自身道德修养，提高自身思想境界，在获取正当合理的个人利益的同时，努力为他人和社会多做一些有益的事情。

当我们对道德模范的人格魅力深表赞叹时，更应该见贤思齐，以实际行动向他们学习和接近。如果有更多的人自觉地对自身生活进行道德反思，并选择具有道德意义的生活方式，我们又何须担忧社会的道德风貌得不到有效改善呢？我们呼唤像道德模范那样执着担当，倡导像道德模范那样脚踏实地，吁求像道德模范那样勤笃真诚，提倡像道德模范那样互爱互助。简而言之，只有充分发挥道德模范的人格示范感召作用，引导人们传承中华民族传统美德、践行社会主义核心价值观、营造良好社会风尚，才能凝聚起实现中华民族伟大复兴中国梦的强大道德力量。

（资料来源：《解放军报》，有改动）

阅读感言

小皮箱见证家风传承

在井冈山革命博物馆第一展厅中，展陈着张子清烈士使用过的一只小皮箱。这只小皮箱虽然年代久远已有破损，但走近参观的人无不被其背后的故事打动。皮箱上用以固定的 36 颗图钉像是主人身经百战后的累累伤痕，灯光下的淡淡光

第五章　遵守道德规范　锤炼道德品格

泽折射出穿越时光的坚守与传承。

20世纪20年代，张子清带着这个小皮箱到了广州，进入农民运动讲习所学习马列理论、追求革命真理。作为中国工农红军早期的著名将领，他从参加秋收起义，指挥部队取得多次重要战斗的胜利，到不幸中弹负伤，在没有麻药的情况下咬木取弹，再到主动留守井冈山，把生的机会留给他人，张子清烈士为革命献出了28岁的青春年华，立下了不朽功勋。

张子清牺牲在追求民族解放、人民幸福的道路上，这只他使用过的小皮箱却伴随了其后几代人的成长。中华人民共和国成立后，张子清的女儿带着它在湖南益阳师范和武汉大学挑灯夜战，学习专业技术；改革开放后，张子清的后人使用这只皮箱认真工作，在服务人民、奉献祖国中实现人生价值。可以说，这只小皮箱不仅装载书籍物品，更见证了张子清家几代人追求理想的奋斗足迹。张子清烈士坚定的理想信念、大无畏的革命精神，成为代代相传的红色基因，与小皮箱一起传递给了后人。

良好家风照亮人生道路，红色基因沉淀优良品格。透过小皮箱，我们读懂先烈的精神境界，也深刻感受到家风传承对个人成长、事业发展、国家进步的意义所在。在我们党百年奋斗史上，正是无数像张子清这样的共产党人顽强拼搏、不懈奋斗，践行着初心与使命；也正是在红色家风的传承中，革命先烈的精神血脉得以赓续、忠诚担当的过硬品格不断砥砺、报效祖国的务实行动蔚然成风。

2015年2月17日，习近平总书记在2015年春节团拜会上指出："不论时代发生多大变化，不论生活格局发生多大变化，我们都要重视家庭建设，注重家庭、注重家教、注重家风。"家风醇正，雨润万物；家风蔚然，国风浩荡。红色家风不仅属于革命先烈后人，更是我们党的宝贵精神财富，值得全社会传承和发扬。多从革命先辈为理想矢志不渝、为事业殚精竭虑的事迹中汲取养分，就能振奋谋新篇、开新局的精气神；时刻对标检视自身存在的不足，就能夯实信仰之基、补足精神之钙、把稳思想之舵；在耳濡目染中接受精神洗礼，就能扣好人生第一粒扣子，让红色基因、革命薪火代代传承。

张子清烈士的女儿张质彬是全国优秀共产党员，她曾在怀念父亲的文章中这样写道："您对革命的忠诚、勇敢，以及德高望重的崇高思想品德，永远铭刻在我的心中，永远值得我们尊敬和学习……"在珍藏几十年后，张子清家属将这只

《思想道德与法治》学习与实践指导

小皮箱捐赠给井冈山革命博物馆，让更多人从中获得成长滋养、精神洗涤。红色家风是党的宝贵财富，传承红色基因是义不容辞的责任，这正是小皮箱带给我们的启迪。

（资料来源：《人民日报》，有改动）

阅读感言

修身立德走好人生路

在安徽省淮北市第三实验小学，"田间课堂"培养孩子们勤俭节约、热爱劳动的品质；在湖南省长沙市育英学校，"书道习得"让同学们在学习传统文化中领悟做人道理；在四川大学，红色主题团日活动已成特色，大家围绕如何传承红色文化、争当时代新人等问题阅读经典、展开交流……在人生不同阶段，德育伴随始终，是青年成长的必修课。

"青年要把正确的道德认知、自觉的道德养成、积极的道德实践紧密结合起来，不断修身立德，打牢道德根基，在人生道路上走得更正、走得更远。"2019年4月30日，在纪念五四运动100周年大会上，习近平总书记勉励新时代中国青年要锤炼品德修为，树立正确的人生观、价值观。一个人的德行、品性就好比木之根、水之源，只有不断修身立德，才能长成参天大树，实现海纳百川。

国无德不兴，人无德不立。在传承千年的中华传统文化中，无论是"天下兴亡，匹夫有责"的家国大义，还是"修身、齐家、治国、平天下"的人生追求，抑或是"己所不欲，勿施于人"的推己及人，修身立德强调的从来不只是在私人领域做好小事、管好小节、做到"独善其身"，更要立志报效祖国、用实际行动服务人民、追求"宽仁大义"。从五四运动中"挽狂澜于既倒，扶大厦之将倾"的爱国青年，到社会主义建设时期"到祖国最需要的地方去"的垦荒青年，再到改革开放新时期"一切为了祖国，一切为了成功"的航天科研团队，可以说，广

第五章　遵守道德规范　锤炼道德品格

大青年立什么样的德，既是个人选择问题，又彰显着一代人的胸怀与境界，决定了整个国家和民族选择怎样的道路、坚守怎样的价值、成就怎样的事业。

修身立德本质上是对精神世界的塑造。建设社会主义现代化强国，实现中华民族伟大复兴的中国梦，不仅要在物质上强，更要在精神上强。古今中外，种种案例启示我们，一个人失去正确价值观锚定的"德"，就会陷入精神的虚无；一个民族、一个国家没有共同的价值观念，莫衷一是、行无依归，就不可能进步。广大青年不断锤炼品德修为，自觉树立和践行社会主义核心价值观，才能在精神层面获得更持久、更深沉的力量，坚定地前行。

"从善如登，从恶如崩。"修身立德没有捷径。广大青年坚持"吾日三省吾身"，做到"见贤思齐"，在提高自我修养方面下一番苦功夫，才能有所收获。中国共产党早期领导人恽代英把记载自己缺点的日志晒出来，公示己过，在众人监督下完善自己；县委书记的榜样焦裕禄去世后，人们在其病床的枕头下发现两本书，一本是《毛泽东选集》，一本是《论共产党员的修养》。这些榜样矗立起一座座精神丰碑，也为广大青年点亮了人生航向。不断反思自己、不断加强学习，才能不断提升自我，实现人生价值、成就一番事业。

道不可坐论，德不能空谈。2014年5月4日，习近平总书记在北京大学师生座谈会上指出，"于实处用力，从知行合一上下功夫，核心价值观才能内化为人们的精神追求，外化为人们的自觉行动"。被称为"雷锋传人"的郭明义积极帮助他人、奉献爱心，感染、收获、带动了一大批"粉丝"；立志"奉献社会，服务人民"的华中农业大学本禹志愿服务队，先后14批133名志愿者一棒接一棒，在贵州山区3所乡村小学支教16年，滋润了山区孩子们的心灵。修身立德从来不是空洞的口号，而是体现在一言一行、一举一动当中。也只有在劳动实践、辛勤创造中，才能进一步磨炼本领、砥砺品格，绽放人生的光芒。

青年是早上八九点钟的太阳，最活跃、最富朝气，拥有开风气之先的力量。广大青年坚持修身立德，系好人生第一粒扣子、迈好人生第一步台阶，不仅是对自己负责，更影响着一个时代的底色和基调。广大青年都追求更有高度、更有境界、更有品位的人生，就一定能让清风正气、蓬勃朝气遍布全社会，让青春成为中华民族生气勃发、高歌猛进的持久风景。

（资料来源：《人民日报》，有改动）

阅读感言

艾爱国：焊接领域的"钢铁侠"

大国工匠艾爱国

说起湖南华菱湘潭钢铁有限公司（以下简称"湘钢"）的标志性人物，大家公认的就是艾爱国。在焊工岗位上，艾爱国一干就是53年。不管什么材质的焊接件，不管多么复杂的工艺、多么严苛的标准，只要艾爱国出马，就基本没有拿不下的焊接活儿。从世界最长跨海大桥——港珠澳大桥，到亚洲最大深水油气平台——南海荔湾综合处理平台，再到国家重点工程——深中通道，这些大工程，艾爱国都亲自参与。

如今已经70多岁的艾爱国，作为湘钢的特聘专家依然每天忙碌在湘钢生产一线。要说干了一辈子焊工，攻克了许多技术难关，拿过无数的奖项和荣誉的艾爱国有什么诀窍，那都藏在一堆笔记里。

从学徒做起，练就"钢铁"本领

艾爱国出生于1950年，1968年9月，作为知青通过招工进入当时的湘潭钢铁厂时，他的岗位是安装管道的配管工人。当时正值"三线建设"时期，和艾爱国一起做管道焊接的是从北京来支援湘钢建设的工程技术人员。那时候，焊接是非常令人羡慕的技术工种，当年只有19岁的艾爱国只能趁师傅工作的时候在旁边偷偷地看着。勤快的艾爱国经常主动帮师傅跑腿、扛设备，凭着自己的努力不仅感动了师傅，也给自己以后的人生打开了一扇崭新的大门。原北京市第二建筑工程公司的支援队伍由于承担的工程任务量大，决定从原配管工人中转岗6名学焊工，艾爱国就成了其中的一名。

刚当上学徒的艾爱国就给自己定了一个远大的目标，他在笔记本上记录下了"气焊工1—8级的考核标准"。艾爱国说，当时湘潭钢铁厂里只有一个八级工，

第五章 遵守道德规范 锤炼道德品格

在大伙心里，八级工就是"大神"一样的存在。艾爱国心里清楚，自己要想成为一个八级工，必须要在手艺上多练，下苦功夫，不能浅尝辄止，一定要做到出类拔萃、登峰造极。为了能早日达到目标，艾爱国暗暗下劲，每天从早练到晚。由于工作原因，焊工经常是一身伤，火花、熔液沾到身上导致烫伤更是常事，但艾爱国一直没有放弃过，因为他太渴望把这门手艺学好了。

"当工人就要当个好工人"，艾爱国如今常挂在嘴边的话，就是他年轻时的座右铭。当个好焊工不仅要手艺好，理论知识也不能缺。从当上学徒开始，只要一有时间，艾爱国就会带着笔记本出现在图书馆里。常见的焊接材料、工艺参数、基本流程，这些最基础的焊接知识都被艾爱国工工整整地抄在了笔记本上。

百折不挠，攻克技术难关

练得勤、学得透、钻得深，艾爱国的手艺越来越娴熟，在湘潭钢铁厂也开始小有名气。很多亲朋好友家里的金属物件坏了，都会来找他焊接。生活中很多物件，形状、大小、材质各异，焊的小东西多了，艾爱国对各种材料的焊接也越来越有心得。1975年，钢铁厂的焦化车间更换紫铜管，厂里派了几位老师傅去上海学习焊接紫铜的新技术。爱琢磨的艾爱国在老师傅们去上海学习的这十几天里，经过反复试验，硬是自己鼓捣出一套办法。爱学习、爱钻研，凭着一股韧劲，1982年，艾爱国以8项考核全部优异的成绩，考取了气焊、电焊合格证，成为当时湘潭市唯一持有"两证"的焊工。取得这些成绩，艾爱国没有骄傲自满，而是继续向更大的难关发起挑战。

1983年，原冶金工业部（现冶金工业局）组织全国多家钢铁企业联合研制新型贯流式高炉风口。如何将风口的锻造紫铜与铸造紫铜牢固地焊接在一起，成为项目的最大难关。当时还是普通焊工的艾爱国主动请求一试，他提出采用尚未普及的氩弧焊工艺，当时国内还没有先例。

艾爱国说："我们进行了一百多次焊接试验，笔记本里记录了所有的试验结果，有渗漏或无渗漏，反反复复，最后大部分都是无渗漏，才开始焊正式产品。"尽管试验非常成功，但在攻关项目组按照艾爱国的工艺参数对风口进行正式安装时，却发生了意外，艾爱国遭遇了他焊接生涯的第一次滑铁卢。艾爱国说："我记得那是1984年元月份，那天早上七点多钟开始加热，八点多钟开始焊，焊到下午将近两点，站了六个多小时，毛衣毛裤都是湿的，结果却没焊成功。"领导们等着艾爱国攻关成功后给冶金部报喜，厂里还提前准备好了庆功宴，满脸尴尬的艾爱国心情沮丧到了极点。

意外的挫折没有阻挡艾爱国前行的脚步，他重整旗鼓，通过反复验证分析，终于找到了失败的原因。原来焊接试验的铜件只有 100 公斤，而正式的风口重达 150 公斤，在寒冷的冬天施工，铜件散热更快，经过反复试验，艾爱国将铜风口加热到 900 度，同时加大电流，终于在 1984 年 3 月 23 日，项目攻关成功。凭借这项创新，艾爱国获得了国家科技进步二等奖。这次攻关也让艾爱国在冶金行业一炮打响，全国很多地方遇到焊接方面的难题都会纷纷找来。

每一次重大项目攻关，艾爱国都记在了笔记本里，随着攻关成功的项目越来越多，他的笔记本也越来越厚。技术能手、劳动模范、五一劳动奖章、人大代表、党代表，各种国家级的奖项和荣誉也纷至沓来，那时候，功成名就的艾爱国有很多机会被提拔到管理岗位，但他都婉言谢绝。

如师如父，精心培养焊接人才

"如师如父"是徒弟们对艾爱国的定位。近年来，艾爱国着力无偿培养下岗工人和农村青年，他常说："做好传帮带，实现高技能人才的传承，是我的责任。"

来做学徒的农村青年没有地方住，艾爱国就自己想办法腾出办公室让他们住下。每次徒弟们去家里，他都坚决要求不要带任何礼物，而自己却默默为徒弟们准备一桌子的零食。他连续多年坚持免费给个体户、民办企业的焊工培训上课，每堂课都是"满座"。他还开启"在线答疑"模式，所有工人都有他的微信。当有事找他时，他总是有问必答。学徒刘四青 15 岁就开始跟随艾爱国学习焊工，一学就是 6 年。艾爱国像父亲一样照顾他的生活，指导他的学习。刘四青说，"培训完后我去新疆工作三年，后来回到湘潭工作，他去我们公司做技术指导，一眼就看到了我"，"他一直在关心着我们的成长"。

50 多年来，艾爱国手把手培养的焊接技术人才已经超过 500 名，遍布全国各地，他们当中有的已享受国务院特殊津贴，获得全国五一劳动奖章、"三八红旗手"等多种荣誉，还有很多已经成为技术带头人。

对艾爱国来说，50 多年前第一次正式拿起焊枪的那一刻，焊接就成了他一辈子的事业。50 多年前，当他在一个普通的笔记本上写下"刻苦学习钻研，攻克难关，攀登技术高峰"的时候，这句话就成了他一辈子的座右铭。50 多年间，艾爱国为我国冶金、矿山、机械、电力等行业攻克技术难题400多个，改进工艺72项。凭着锲而不舍、勇于钻研的精神，50多年后，他自己也成为焊接职业领域的一座高峰。

（资料来源：央视网，有改动）

阅读感言

二、推荐阅读

1. 习近平：《注重家庭，注重家教，注重家风》，《习近平谈治国理政》第2卷，外文出版社，2017年。

2. 中共中央党史和文献研究院：《习近平关于社会主义精神文明建设论述摘编》，中央文献出版社，2022年。

3. 《新时代公民道德建设实施纲要》，人民出版社，2019年。

4. 蔡元培：《中国人的修养》，中国长安出版社，2012年。

5. 罗国杰：《中国传统道德》，中国人民大学出版社，2012年。

三、至理名言

己所不欲，勿施于人。

——孔子

欲修其身者，先正其心；欲正其心者，先诚其意。

——《礼记》

一个国家的繁荣，不取决于它的国库的殷实，不取决于它的城堡之坚固，也不取决于它的公共设施之华丽；而在于它的公民的文明素养，即在于人们所受的教育、人们的远见卓识和品格的高下。这才是真正的利害所在，真正的力量所在。

——［德］马丁·路德

　　有两样东西，我们愈经常愈持久地加以思索，它们就愈使心灵充满始终新鲜不断增长的景仰和敬畏：在我之上的星空和居我心中的道德定律。

——［德］康德

　　人民的伟大不是以他的数量来衡量，正如一个人的伟大不是以他的身高来衡量一样。衡量伟大的唯一标尺是他的精神发展和道德水平。

——［法］雨果

　　春蚕到死丝方尽，蜡炬成灰泪始干。

——李商隐

　　哪里有天才，我是把别人喝咖啡的工夫都用在工作上的。

——鲁迅

　　有道德的人不损人而利己，不害人而求名。

——杜文澜

　　道德的基础是人类精神的自律。

——［德］马克思

　　爱是亘古长明的灯塔，它定睛望着风暴却兀不为动，爱就是充实了的生命，正如盛满了酒的酒杯。

——［印度］泰戈尔

学习法治思想　提升法治素养

学习目标

☆ 了解法律的含义及历史发展，理解社会主义法律的本质特征和运行。

☆ 了解习近平法治思想的形成、意义与主要内容，熟悉坚持中国特色社会主义法治道路必须遵循的原则，理解建设中国特色社会主义法治体系是全面依法治国的总抓手。

☆ 了解我国宪法的形成与发展，明确宪法的地位和基本原则，熟知加强宪法实施与监督的有力措施。

☆ 正确理解法治思维及其内涵，认识和把握法治思维的基本内容。

☆ 了解法律权利与法律义务的含义、特征及两者之间的关系，明确我国宪法和法律规定的权利，熟知依法行使法律权利的界限与应依法履行的基本法律义务。

学习重点

☆ 准确把握社会主义法律的本质特征和运行机制，正确认识中国特色社会主义法律的发展规律和时代价值，不断增强建设社会主义法治国家的责任感和使命感。

☆ 掌握习近平法治思想的主要内容、坚持中国特色社会主义法治道路必须遵循的基本原则与建设法治国家的基本方针。

☆ 明确我国宪法的地位和基本原则，能够增强宪法意识，自觉地尊崇宪法、学习宪法、遵守宪法、维护宪法、运用宪法。

☆ 积极培养法治思维，自觉树立依法行使权利与履行义务的意识，不断提升法治素养。

《思想道德与法治》学习与实践指导

学习方法

☆ 阅读教材及相关参考资料，准确把握社会主义法律的本质特征及运行机制，明确必须坚持走中国特色社会主义法治道路的重要意义。

☆ 阅读相关素材，在理解中国特色社会主义法律体系的基础上，深入学习中国特色社会主义法治理论，把握建设中国特色社会主义法制体系的核心要义。

☆ 认真学习与掌握基本的法律知识，学会运用法律妥善处理学习、生活中遇到的法律问题和各种矛盾，真正做到依法行使权利与履行义务，进一步提升自己的法治素养。

☆ 积极参加各项法律实践活动，在学习、思考、实践中不断提高自身运用法律分析、判断、处理问题的能力，逐步树立社会主义的法治观念和培养法治思维的方式，维护法律权威。

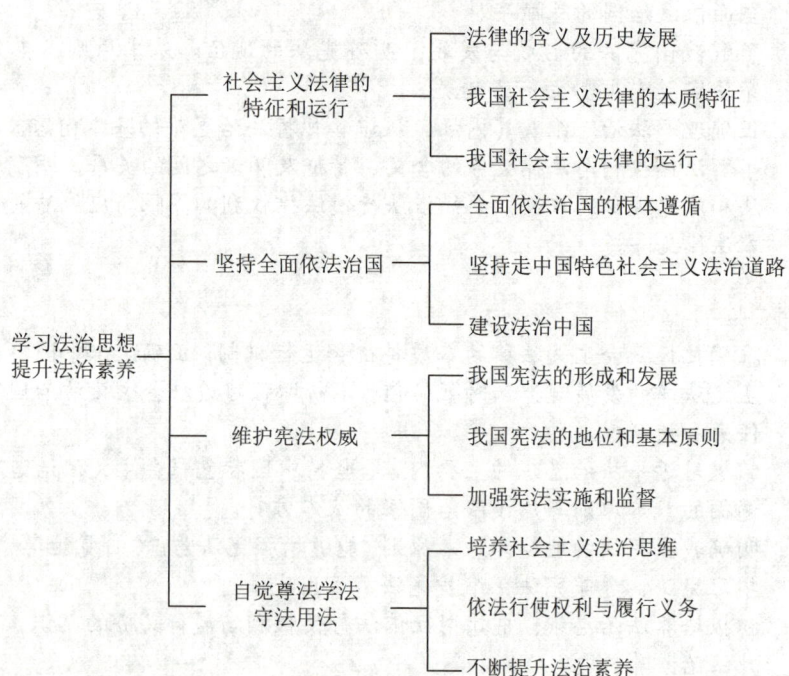

第六章　学习法治思想　提升法治素养

一、社会主义法律的特征和运行

（一）法律的含义及历史发展

1. 法律的含义

法律是由国家制定或认可并由国家强制力保证实施的，反映由特定社会物质生活条件所决定的统治阶级意志的规范体系。其包括以下几层含义：① 法律是由国家创制和实施的行为规范；② 法律是由一定的社会物质生活条件决定的；③ 法律是统治阶级意志的体现。

2. 法律的历史发展

法律不是从来就有的，也不是永恒存在的。它随着私有制、阶级和国家的产生而产生，也将随着私有制、阶级和国家的消亡而消亡。其发展历程如下：奴隶制法律、封建制法律、资本主义法律、社会主义法律。

（二）我国社会主义法律的本质特征

我国社会主义法律的本质特征如下：① 我国社会主义法律体现了党的主张和人民意志的统一；② 我国社会主义法律具有科学性和先进性；③ 我国社会主义法律是中国特色社会主义建设的重要保障。

（三）我国社会主义法律的运行

法律的运行是一个从创制、实施到实现的过程。这个过程主要包括法律制定、法律执行、法律适用、法律遵守等环节。法律制定是国家对权利和义务，即社会利益和负担进行的权威性分配；法律的执行、适用和遵守则把法律规范转化为法律实践，把法定的权利和义务转化为现实的权利和义务。

二、坚持全面依法治国

（一）全面依法治国的根本遵循

1. 习近平法治思想的形成和意义

党的十八大以来，习近平高度重视全面依法治国，创造性地提出了一系列全面依法治国新理念新思想新战略，形成习近平法治思想，指导和推动了社会主义法治建设发生历史性变革、取得历史性成就，全面依法治国实践取得重大进展。

习近平法治思想是经过长期发展而形成的内涵丰富、论述深刻、逻辑严密、系统完备的法治理论体系，为建设法治中国指明了前进方向，在中国特色社会主义法治建设进程中具有重大政治意义、理论意义和实践意义。

习近平法治思想深刻揭示了社会主义法治的生命力和优越性，推动了中国特色社会主义法治理论的创新发展。

2. 习近平法治思想的主要内容

习近平法治思想的"十一个坚持"

2020年11月，习近平在中央全面依法治国工作会议上的重要讲话中，用"十一个坚持"对全面依法治国进行了系统阐释和部署。这"十一个坚持"涉及的都是全面依法治国方向性、根本性、全局性的重大问题，从全面依法治国的政治方向、战略地位、工作布局、主要任务、重大关系、重要保障等方面提出了一系列新理念新观点新论断，构成了习近平法治思想的主要内容。

（二）坚持走中国特色社会主义法治道路

1. 为什么要走中国特色社会主义法治道路

坚持走中国特色社会主义法治道路的原因如下：① 走中国特色社会主义法治道路，是历史的必然结论；② 走中国特色社会主义法治道路，是由我国社会主义国家性质决定的；③ 走中国特色社会主义法治道路，是立足我国基本国情的必然选择。

2. 坚持中国特色社会主义法治道路必须遵循的原则

走中国特色社会主义法治道路，必须坚持中国共产党的领导，坚持人民主体地位，坚持法律面前人人平等，坚持依法治国和以德治国相结合，坚持从中国实际出发。

（三）建设法治中国

1. 建设中国特色社会主义法治体系

建设中国特色社会主义法治体系，就是要形成完备的法律规范体系、高效的法治实施体系、严密的法治监督体系、有力的法治保障体系，形成完善的党内法规体系。

2. 坚持依法治国、依法执政、依法行政共同推进，坚持法治国家、法治政府、法治社会一体建设

依法治国、依法执政、依法行政是一个有机整体，关键在于党要坚持依法执政、各级政府要坚持依法行政。法治国家、法治政府、法治社会相辅相成，法治国家是法治建设的目标，法治政府是建设法治国家的重点，法治社会是构筑法治国家的基础。

推进全面依法治国，法治政府建设是重点任务和主体工程，对法治国家、法治社会建设具有示范带动作用。

法治社会建设是全面依法治国的基础工程。

3. 坚持全面推进科学立法、严格执法、公正司法、全民守法

科学立法是全面依法治国的前提，严格执法是全面依法治国的关键，公正司法是全面依法治国的重点，全民守法是全面依法治国的基础。全面依法治国，必须从科学立法、严格执法、公正司法、全民守法四个方面统筹推进。

三、维护宪法权威

（一）我国宪法的形成和发展

1. 我国宪法的形成

1954年的《中华人民共和国宪法》是中华人民共和国第一部宪法。它的制定和实施，为巩固社会主义政权和进行社会主义建设发挥了重要保障和推动作用，也为我国现行宪法的制定和完善奠定了基础。

党的十一届三中全会开启了改革开放和社会主义现代化建设新时期，发展社会主义民主、健全社会主义法制成为党和国家坚定不移的方针。我国现行宪法即1982年宪法就是在这个历史背景下产生的。

2. 我国现行宪法的修改

1988年、1993年、1999年、2004年、2018年，全国人民代表大会分别对我国宪法个别条款和部分内容作出了必要的也是十分重要的修正，使我国宪法在保持稳定性和权威性的基础上紧跟时代前进步伐，不断与时俱进。

回顾党领导的宪法建设史，可以得出以下结论：① 制定和实施宪法，推进依法治国，建设法治国家，是实现国家富强、民族振兴、社会进步、人民幸福的必然要求；② 我国现行宪法是在深刻总结我国社会主义革命、建设、改革的成功经验基础上制定和不断完善的，是党领导人民长期奋斗的历史逻辑、理论逻辑、实践逻辑的必然结果；③ 只有中国共产党才能坚持立党为公、执政为民，充分发扬民主，领导人民制定出体现人民意志的宪法，领导人民实施宪法；④ 党高度重视发挥宪法在治国理政中的重要作用，坚定维护宪法尊严和权威，推动宪法完善和发展，这是我国宪法保持生机活力的根本原因所在。

（二）我国宪法的地位和基本原则

1. 我国宪法的地位

宪法至上地位主要体现在其特有的作用、效力和内容等方面：① 我国宪法是国家的根本法，是党和人民意志的集中体现；② 我国宪法是国家各项制度和法律法规的总依据；③ 我国宪法规定了国家的根本制度。

2. 我国宪法的基本原则

我国宪法的基本原则如下：① 党的领导原则；② 人民当家作主原则；③ 尊重和保障人权原则；④ 社会主义法治原则；⑤ 民主集中制原则。

（三）加强宪法实施和监督

1. 加强宪法实施

全国各族人民、一切国家机关和武装力量、各政党和各社会团体、各企业事业组织，都必须以宪法为根本活动准则。

加强宪法实施应做到：① 坚持依宪执政；② 坚持依法立法；③ 坚持严格执法。

2. 完善宪法监督

宪法实施以来，我国不断探索并逐步建立了具有中国特色的宪法监督制度。在新的历史条件下，推进全面依法治国、加强宪法实施，对宪法监督提出了新的更高要求：① 健全人民代表大会工作机制；② 健全宪法解释机制；③ 健全备案审查机制；④ 健全合宪性审查机制。

四、自觉尊法学法守法用法

（一）培养社会主义法治思维

1. 法治思维及其内涵

法治思维是指以法治价值和法治精神为导向，运用法律原则、法律规则、法律方法思考和处理问题的思维模式。其包含以下几层含义：① 法治思维以法治价值和法治精神为指导，蕴含着公正、平等、民主、人权等法治理念，是一种正当性思维；② 法治思维以法律原则和法律规则为依据来指导人们的社会行为，是一种规范性思维；③ 法治思维以法律手段与法律方法为依托分析问题、处理问题、解决纠纷，是一种逻辑思维；④ 法治思维是一种符合规律、尊重事实的科学思维。

培养法治思维的途径

2. 法治思维的基本内容

一般来讲，法治思维主要包括法律至上、权力制约、公平正义、权利保障、程序正当等内容。

（二）依法行使权利与履行义务

1. 法律权利与法律义务

法律权利是指反映由一定的社会物质生活条件所制约的行为自由，法律所允许的权利人为了满足自己的利益而采取的、由其他人的法律义务所保障的法律手段。

法律权利具有以下特征：① 法律权利的内容、种类和实现程度受社会物质生活条件的制约；② 法律权利的内容、分配和实现方式因社会制度和国家法律的不同而存在差异；③ 法律权利不仅由法律规定或认可，而且受法律维护或保障，具有不可侵犯性；④ 法律权利必须依法行使，不能不择手段地行使法律权利。

法律义务是指反映由一定的社会物质生活条件所制约的社会责任，保证法律所规定的义务人按照权利人要求从事一定行为或不从事一定行为以满足权利人利益的法律手段。

法律义务具有以下特点：① 法律义务是历史的；② 法律义务源于现实需要；③ 法律义务必须依法设定；④ 法律义务可能发生变化。

法律权利和法律义务是相互依存的，法律权利的实现必须以相应法律义务的履行为条件；法律义务的设定和履行也必须以法律权利的行使为根据。离开了法律权利，法律义务就失去了履行的价值和动力；离开了法律义务，法律权利就形同虚设。有些法律权利和法律义务具有复合性的特点，即一个行为可以同时是权利行为和义务行为。

2. 我国宪法和法律规定的权利

我国宪法和法律规定了公民享有的一系列权利，主要包括政治权利、宗教信仰自由、人身权利、财产权利、社会经济权利及文化教育权利等。

3. 依法行使法律权利

依法行使法律权利要求公民在行使权利时应严格依据法律进行，以法律的相关规定为界限，具体要求如下：① 权利行使目的具有正当性；② 权利的行使具有必要限度；③ 权利行使方式具有法定性；④ 权利行使的程序具有正当性。

4. 依法履行法律义务

法律权利的行使必须伴随着法律义务的履行，法律义务更需要由法律加以规定。法律义务具体如下：① 维护国家统一和民族团结的义务；② 遵守宪法和法律的义务；③ 维护祖国安全、荣誉和利益的义务；④ 依法服兵役的义务；⑤ 依法纳税的义务。

（三）不断提升法治素养

1. 尊重法律权威

人民权益要靠法律保障，法律权威要靠人民维护。尊重法律权威，就要做到：① 信仰法律，对法律常怀敬畏之心；② 遵守法律，用实际行动捍卫法律尊严，保障法律实施；③ 服从法律，拥护法律的规定，接受法律的约束，履行法定的义务，服从依法进行的管理，承担相应的法律责任；④ 维护法律，争当法律权威的守望者、公平正义的守护者、具有良知的护法者。

2. 学习法律知识

学习和掌握基本的法律知识，是提升法治素养的前提。参与法治实践是学习法律知识的有效途径,具体的方式与途径如下:① 参与立法讨论;② 旁听司法审判;③ 参与校园法治文化活动。

3. 养成守法习惯

守法,就是任何组织或者个人都必须在宪法和法律范围内活动,任何公民、社会组织和国家机关都要以宪法和法律为行为准则,依照宪法和法律行使权利或权力、履行义务或职责。养成守法习惯应做到:① 增强规则意识;② 守住法律底线。

4. 提高用法能力

学法是为了更好地用法。大学生可以通过运用法律,提高解决问题的能力,使法律内化于心,外化于行。要想提高用法能力,大学生应做到:① 维护自身权利;② 维护社会利益。

【案例1】

一封陌生的"兼职"邮件

拥有博士学历的小刘原是河南省平顶山市某企业的高级工程师。为了开拓个人发展空间、寻求更好的工作机会,他在多家招聘网站上投放了个人简历。2018年10月的一天,小刘突然收到一封境外发来的邮件,内容是发件方可为小刘提供兼职工作机会。随后,小刘将自己的简历发给了对方。

"很高兴收到您的回复与简历,您的专业能力毋庸置疑,很期待和您合作……"很快对方就发来了第二封邮件。让小刘没想到的是,邮件中对方并没有说明兼职工作的具体要求,反而提出可以先预支付一些报酬。之后,根据小刘提供的简历及工作信息,对方通过微信语音通话向小刘介绍了兼职工作的方向,主要是电力技术、军民融合产品在电力方面的运用等。

除了探讨兼职的工作内容,对方还常常表示可以帮助小刘解决工作和生活中遇到的困难,趁机拉近彼此之间的距离。就这样,小刘和对方成了无话不谈的"朋友"，小刘甚至把自己日常工作的出差行程告诉对方。有一次，小刘去河北省雄安新区出差，对方还专门询问他有关雄安新区的建设情况和整体规划情况。

随着双方联系的深入，对方不断安排新的"兼职任务"。例如，国内军工类杂志公开出版前的最新文章、小刘所在单位合作电厂项目的具体情况，乃至国内某核电站的建设规划、运行情况、可承受武力攻击程度等资料。同时，对方还特意叮嘱小刘不要用微信发送这些内容，而要使用压缩文件发过去，并且要加密。

这些"兼职任务"对小刘来说并不难，他便把自己单位向电厂供货情况的图片发给了对方。小刘说，自己从来没有怀疑过对方的身份，唯一不解的就是，对方反复提到发送文件要加密，"我以为对方是商业习惯，没有在意，自己回复邮件时也没有按照对方的要求进行加密"。

从2018年10月到2019年1月，双方往来邮件20余封，从"兼职招聘"到"核电站资料"，对方逐步暴露出境外某机构人员的"搜情"真面目。一天，对方再次发来重要的"兼职任务"，要求小刘搜集国内某核电站与多家重要电站的现场施工图片及相关图纸，并承诺提供可观的报酬，具体金额让小刘决定。小刘说："我平时工作中能接触到这些信息，包括某核电站的建设情况、设备安装工程图等，但并不全面，就准备打包发给对方，价格定为6万元。可我觉得不值这些钱，想着试探一下对方……"之后，他把定价发给对方，等待回复。

就在双方准备交易的时候，2019年1月11日下午，平顶山市国家安全机关的办案人员及时介入，将小刘抓捕归案。经过审讯，小刘对其犯罪行为供认不讳。所幸的是，国家安全机关果断出手，阻止了国家秘密外泄，避免对重要能源基础设施安全造成重大损失。后经平顶山市中级人民法院依法审判，小刘因犯为境外刺探、非法提供情报罪而受到了法律的惩处。

（资料来源：大河网，有改动）

评析 近年来，境外间谍情报机构和各种敌对势力对我国开展的情报渗透活动日益活跃，手段更加多样，领域更加宽广。他们通过感情拉拢、诱蚀腐化、金钱收买、提供帮助等多种手段，千方百计地拉拢策反我党政军机关、军工企业和科研院所等核心涉密岗位人员，同时利用不明真相的社会人员，甚至在校学生，为其搜集、窃取国际秘密，对我国国家安全构成严重威胁。

第六章 学习法治思想 提升法治素养

> 国家安全，人人有责，反间谍安全防范工作与每个人息息相关。为了更好地维护国家安全和自身利益，大学生应学好用好反间谍法法律武器，增强反间谍意识，警惕网络陷阱，不为金钱贪欲所控制，坚守法律底线，筑牢国家安全屏障，共同捍卫国家安全和利益。

【案例2】

在校学生需警惕，勿成"两卡"犯罪"工具人"

近年来，部分在校学生被利用，向不法人员提供个人手机卡、银行卡（简称"两卡"），成为电信网络诈骗犯罪活动的"工具人"。

寻找暑期兼职却成犯罪"帮凶"

许某是某职业技术学院的在校学生。2020年6月，为寻找暑期兼职，许某请朋友程某帮忙介绍工作，程某介绍许某办理银行卡出售给他人使用，每张卡可赚取100元。于是，许某按照程某的要求先自行办理了1张手机卡，后在程某的带领下在7家银行各办理了1张银行卡，并将上述7张银行卡交给程某，程某向许某转账200元（另有500元尚未实际支付）。交付银行卡后，程某告知许某这些银行卡是用于为他人转移赃款的。然而，许某为了赚钱，并未采取任何补救措施。经查，上述7张银行卡被他人用于实施电信网络诈骗犯罪，被害人向这些银行卡转入资金共计22万余元。

2020年10月，安徽省合肥市肥东县公安局以许某涉嫌帮助信息网络犯罪活动罪移送起诉。肥东县人民检察院在审查起诉过程中，到许某所在学校调取相关资料。经了解，许某在校期间表现良好，无其他前科劣迹。许某到案后如实供述了犯罪事实，认罪认罚并积极退赃。后肥东县人民检察院依法对许某作出了不起诉决定。收卡人程某因涉嫌其他犯罪事实被另案处理。

受利益驱使，在校学生变"卡商"

涂某是某大学在校学生。万某作案时是某职业技术学校在校学生，案发时是某医院的员工。自2018年起，涂某为了牟取非法利益，在明知他人利用信息网络实施犯罪的情况下，长期收购银行卡提供给他人使用。涂某通过兼职认识万某后，先后收购了万某的3套银行卡（含银行卡、U盾/K宝、身份证照片、手机卡），并让万某帮助其收购银行卡。万某为了牟利,在明知银行卡被用于信息网络犯罪的情况下,以亲属开淘宝店需要用卡等理由,分别从4名同学处收购8套新注册的银行卡提供给涂某,再由涂某将银行卡出售给他人用于实施电信网络诈骗等违法犯罪活动。经查,共有21名电信网络诈骗被害人向万某出售的上述银行卡转入207万余元。

2020年11月3日,四川省江油市公安局以涂某、万某涉嫌帮助信息网络犯罪活动罪移送起诉。江油市人民检察院以帮助信息网络犯罪活动罪对涂某、万某提起公诉。鉴于万某犯罪时是在校大学生,因找兼职误入歧途而收购、贩卖银行卡,并主动认罪认罚,江油市人民检察院对其提出从轻处罚的量刑建议。涂某在审查起诉阶段拒不认罪,也不供述银行卡销售去向、获利数额等情况。2020年12月31日,江油市人民法院作出一审判决,以帮助信息网络犯罪活动罪判处涂某有期徒刑1年4个月,并处罚金人民币1万元;判处万某有期徒刑10个月,并处罚金人民币5 000元。涂某、万某未上诉,判决已生效。

(资料来源:人民网,有改动)

评析 从近年来警方的办案情况看,"两卡"已经成为电信网络诈骗犯罪分子实施诈骗、转移赃款的重要工具。部分在校学生由于社会阅历不足、法治观念淡薄,成为非法买卖"两卡"的重要群体之一。在利益诱惑面前,涉世未深的学生群体更容易迷失方向,一步步陷入违法犯罪的泥潭,从办卡、卖卡发展到组织收卡、贩卡,成为潜伏在校园中的"卡商"。为了改变上述情况,2021年6月23日,最高人民检察院、教育部在联合印发的通知中强调,对于涉"两卡"犯罪的在校学生,要坚持以教育、挽救、惩戒、警示为主,根据其犯罪情节、认罪认罚、退赃退赔、一贯表现等情况,认真落实"少捕慎诉慎押"理念,给予其悔过自新的机会。同时,要坚持预防为先,加强以案释法,深入开展校园法治宣传和思想教育。

大学生应树立正确的价值观,积极培养法治思维,不断提升法治素养,自觉尊法学法守法用法,使法律内化于心、外化于行,成长为社会主义法治的忠实崇尚者、自觉遵守者、坚定捍卫者。

第六章　学习法治思想　提升法治素养

一、单项选择题

1. 法律不是从来就有的，而是随着（　　）的出现而逐步产生的。
   A. 人类的产生　　　　　　B. 私有制、阶级和国家
   C. 社会的产生　　　　　　D. 文明的产生

2. 法律区别于道德规范、宗教规范、风俗习惯、社会礼仪等其他社会规范的首要之处在于（　　）。
   A. 它是由国家创制的社会规范
   B. 它是由国家保证实施的社会规范
   C. 它是由国家创制并保证实施的社会规范
   D. 它是被国家认可的

3. 法律所体现的意志是（　　）。
   A. 统治阶级的整体意志　　B. 个别统治者的意志
   C. 统治者个人意志的简单相加　D. 统治阶级意志的全部

4. 2020年11月，中央全面依法治国工作会议正式提出（　　），并将其确立为全面依法治国的指导思想和根本遵循。
   A. 毛泽东思想　　　　　　B. 邓小平理论
   C. 习近平法治思想　　　　D. 科学发展观

5. 国家司法机关及其公职人员依照法定职权和程序适用法律处理案件的专门活动称为（　　）。
   A. 法律适用　　　　　　　B. 法律遵守
   C. 法律制定　　　　　　　D. 法律执行

6. 建设中国特色社会主义法治体系的前提和基础是（　　）。
   A. 完善中国特色社会主义制度
   B. 完善以宪法为核心的中国特色社会主义法律体系

C．完善宪法制度

D．完善法治监督体系

7．法治社会的基础工程是（　　）。

A．科学立法　　　　　　B．公正司法

C．全面守法　　　　　　D．程序正当

8．正义不应缺席，也不应迟到，迟到的正义是有瑕疵的正义。这句话反映了法律思维的（　　）。

A．程序正当　　　　　　B．公平正义

C．权力制约　　　　　　D．人权保障

9．社会主义法治最根本的保证是（　　）。

A．中国特色社会主义制度　B．党的领导

C．全面实施宪法　　　　D．人民当家作主

10．（　　）必须从科学立法、严格执法、公正司法、全民守法四个方面统筹推进。

A．人权保障　　　　　　B．法律权威

C．民主集中　　　　　　D．依法治国

11．我国第一部宪法是（　　）。

A．1931年的《中华苏维埃共和国宪法大纲》

B．1946年的《陕甘宁边区宪法原则》

C．1949年的《中国人民政治协商会议共同纲领》

D．1954年的《中华人民共和国宪法》

12．（　　）是社会主义民主政治的本质和核心。

A．党的领导　　　　　　B．尊重和保障人权

C．人民当家作主　　　　D．依法治国

13．（　　）是中国特色社会主义法治体系的前提，是法治国家、法治政府、法治社会的制度基础。

A．完善的党内法规体系　B．严密的法治监督体系

C．高效的法治实施体系　D．完备的法律规范体系

14. 全面依法治国的根本制度保障是（　　）。

    A．人民代表大会制度

    B．中国特色社会主义制度

    C．基层群众自治制度

    D．中国共产党领导的多党合作和政治协商制度

15. 下列选项中，关于法治思维方式的说法，不正确的是（　　）。

    A．法治思维强调法律是治国理政的最高准则

    B．法治思维将法律作为判断是非和处理事务的准绳

    C．行政保障是公民权利保障的最后防线

    D．只有按照正当程序处理问题，处理结果才具有公信力和权威性

16. 在法律运行过程中，法律事实和实现的基本途径是（　　）。

    A．立法　　　　　　　　B．守法

    C．执法　　　　　　　　D．司法

17. 下列选项中，不属于法治思维基本内容的是（　　）。

    A．法律至上　　　　　　B．权利保障

    C．法律遵守　　　　　　D．权力制约

18. 党的（　　）提出，要坚持全面依法治国，推进法治中国建设，在法治轨道上全面建设社会主义现代化国家，全面推进国家各方面工作法治化。

    A．二十大　　　　　　　B．十九大

    C．十八大　　　　　　　D．十九届六中全会

19. 全面依法治国的行动指南是（　　）。

    A．宪法　　　　　　　　B．党章

    C．人民代表大会　　　　D．中国特色社会主义法治理论

20. （　　）是党领导人民当家作主的治国方略。

    A．依法治国　　　　　　B．执法为民

    C．党的领导　　　　　　D．服务大局

21. （　　）是指国家机关的权利必须受到法律的规制和约束。

    A．法律至上　　　　　　B．人权保障

    C．法律遵守　　　　　　D．权力制约

22. 追求（　　）是法律的主要价值目标。
    A．自由平等　　　　　　B．公平正义
    C．尊严权威　　　　　　D．仁爱宽恕

23. 所有国家机关、社会组织和公民个人都必须遵守法律，依法享有和行使法定职权与权利，承担和履行法定职责与义务。这反映了法律的（　　）。
    A．普遍适用性　　　　　B．普遍强制性
    C．优先适用性　　　　　D．不可违抗性

24. 下列选项中，关于法律权利和法律义务的关系，说法错误的是（　　）。
    A．法律权利与法律义务是目的与手段的关系
    B．法律权利和法律义务相互依存、相互贯通
    C．法律权利和法律义务在一定条件下相互转化
    D．在具体法律关系中，法律权利和法律义务不能相互包含

25. 下列选项中，不属于社会经济权利的是（　　）。
    A．劳动权　　　　　　　B．私有财产权
    C．休息权　　　　　　　D．社会保障权

26. 我国宪法第四十七条规定："中华人民共和国公民有进行科学研究、文学艺术创作和其他文化活动的自由。国家对于从事教育、科学、技术、文学、艺术和其他文化事业的公民的有益于人民的创造性的工作，给以鼓励和帮助。"这说的是公民享有（　　）。
    A．物质帮助权利　　　　B．文化教育权利
    C．社会经济权利　　　　D．休息权利

27. 我国宪法规定，公民在行使自由和权利的时候，不得损害国家的、社会的、集体的利益和其他公民合法的自由和权利。这体现了权利行使的（　　）。
    A．限度　　B．方式　　C．目的　　D．程序

28. 下列选项中，不属于人身权利的是（　　）。
    A．人身自由权　　　　　B．生命健康权
    C．人格尊严权　　　　　D．继承权

29. "立善法于天下，则天下治；立善法于一国，则一国治。"强调的是（　　）。
    A．严格执法　　　　　　B．科学立法
    C．公正司法　　　　　　D．全民守法

30. 法律必须遵守，违反法律要受到惩罚，这反映了法律至上的（　　）。

  A．普遍适用性   B．优先适用性

  C．不可违抗性   D．程序正当性

31. 在宪法规定的公民的基本权利中，（　　）是公民参加国家政治、经济与社会生活的基础。

  A．政治权利   B．社会经济权利

  C．人身权利   D．文化教育权利

32. 公民的基本义务是指由宪法规定的公民必须遵守和应尽的根本责任。我国公民的最高法律义务是（　　）。

  A．维护祖国的安全、荣誉和利益

  B．维护国家统一和全国各民族团结

  C．遵守宪法和法律

  D．保卫祖国、依法服兵役和参加民兵组织

33. （　　）是学习法律知识的有效途径。

  A．收看法治节目   B．阅读法治新闻

  C．参加法治实践   D．浏览法律网站

二、多项选择题

1. 下列选项中，关于法律的定义，说法正确的有（　　）。

  A．法律是由国家创制和实施的行为规范

  B．法律由一定的社会物质生活条件决定

  C．法律是统治阶级意志的体现

  D．法律是广大人民意志的体现

2. 下列选项中，关于宪法的基本原则，说法正确的有（　　）。

  A．党的领导是人民当家作主的根本保证

  B．人民当家作主是社会主义民主政治的本质和核心

  C．宪法确认和保护的公民权利是人权保障在国家根本法中的体现

  D．依法治国首先是依宪治国

3. 在我国社会主义法律的运行环节中，把法定的权利和义务转化为现实的权利和义务，把文本上的法律转化为现实中的法律运行环节有（　　）。

　　A. 法律制定　　　　　　　B. 法律遵守

　　C. 法律执行　　　　　　　D. 法律适用

4. 习近平法治思想从全面依法治国的（　　）等方面提出了一系列新理念新观点新论断。

　　A. 理论知识　　　　　　　B. 工作布局

　　C. 政治方向　　　　　　　D. 重要保障

5. 我国社会主义法律是中国特色社会主义建设的重要保障。其在政治建设方面的作用包括（　　）。

　　A. 维护和巩固社会主义政治制度

　　B. 保障全过程人民民主顺利推进

　　C. 保障人民享有广泛的民主权利和自由

　　D. 推动社会主义文化强国建设

6. 下列选项中，（　　）属于社会主义法治理念的基本特征。

　　A. 鲜明的政治性　　　　　B. 彻底的人民性

　　C. 系统的科学性　　　　　D. 充分的开放性

7. 下列选项中，关于法治思维的含义，说法正确的有（　　）。

　　A. 法治思维是一种正当性思维

　　B. 法治思维是一种规范性思维

　　C. 法治思维是一种逻辑思维

　　D. 法治思维是一种符合规律、尊重事实的科学思维

8. 坚持走中国特色社会主义法治道路是（　　）。

　　A. 党的制度所决定的

　　B. 历史的必然结论

　　C. 由我国社会主义国家性质决定的

　　D. 立足我国基本国情的必然选择

9. 坚持中国特色社会主义法治道路必须遵循的原则包括（　　）。

　　A. 坚持人民主体地位

B．坚持依法治国和以德治国相结合

C．坚持中国共产党的领导

D．坚持人民民主专政

10．下列选项中，关于保障法律的至上地位，说法正确的有（　　）。

　　A．保障法律的至上地位，是执政党和国家机关的神圣使命

　　B．法律权威的树立，只取决于法律本身的合理性

　　C．树立法律权威必须严格规范、公正执法

　　D．司法机关是保障法律权威的重要机构

11．下列选项中，关于法律义务，说法正确的有（　　）。

　　A．法律义务是历史的　　　　B．法律义务源于现实需要

　　C．法律义务可能发生变化　　D．法律义务必须依法设定

12．加强宪法实施应做到（　　）。

　　A．坚持依宪执政　　　　　　B．坚持严格执法

　　C．坚持依法立法　　　　　　D．坚持依宪行政

13．我国宪法具有最高的法律地位、法律权威、法律效力，具有（　　）。

　　A．根本性　　　　　　　　　B．人民性

　　C．长期性　　　　　　　　　D．全局性

14．大学生参与法律实践的主要方式有（　　）。

　　A．参与立法讨论　　　　　　B．参与校园法治文化活动

　　C．参与法律问题研究　　　　D．旁听司法审判

15．宪法的最高法律效力主要体现在（　　）。

　　A．宪法是制定普通法的依据

　　B．宪法规定了国家生活中最根本最重要的方面

　　C．任何普通法律、法规都不得与宪法的原则和精神相违背

　　D．宪法是一切国家机关、社会团体和全体公民必须遵循的最高行为准则

16．下列选项中，属于人身权利的有（　　）。

　　A．劳动权　　　　　　　　　B．通信自由权

　　C．生命健康权　　　　　　　D．住宅安全权

17. 尊重法律权威,就要（　　）。
    A. 惧怕法律　　　　　　　B. 遵守法律
    C. 服从法律　　　　　　　D. 维护法律
18. 建设中国特色社会主义法治体系的内容包括（　　）。
    A. 建设完备的法律规范体系
    B. 建设高效的法治实施体系
    C. 建设严密的法治监督体系
    D. 建设完善的党内法规体系
19. 全面依法治国的基本格局包括（　　）。
    A. 科学立法　　　　　　　B. 严格执法
    C. 公正司法　　　　　　　D. 全民守法
20. 树立社会主义法治观念,要（　　）。
    A. 坚持走中国特色社会主义法治道路
    B. 坚持党的领导、人民当家作主与依法治国相统一
    C. 坚持依法治国和以德治国相结合
    D. 加强宪法实施,落实依宪治国
21. 一般来讲,公平正义主要包括（　　）。
    A. 规则公平　　　　　　　B. 机会公平
    C. 占有公平　　　　　　　D. 权利公平
22. 法律权利是十分重要的权利,具有以下特征（　　）。
    A. 法律权利的内容、种类和实现程度受社会物质生活条件的制约
    B. 法律权利的内容、分配和实现方式因社会制度和国家法律的不同而存在差异
    C. 法律权利不仅由法律规定或认可,而且受法律维护或保障,具有不可侵犯性
    D. 法律权利必须依法行使,不能不择手段地行使法律权利
23. 法律的义务具有历史性。下面情形中,体现了法律的历史性的有（　　）。
    A. 随着我国经济社会的发展,国家免除了农民缴纳土地税的义务
    B. 随着国民收入的提高,国家逐步调整个人所得税的起征标准,收入在起征点以下人群缴纳所得税的义务也随之被免除

C. 债务人欠债权人的钱财，由于债权人在法定的期限（3 年）内没有行使索要的权利，债务人原来承担的强制归还义务就转化为自愿归还义务

D. 一个人犯了罪，依法应当判处 5 年以下有期徒刑，由于在犯罪后司法机关因法定原因没有追究，那 5 年后他所承担的刑事责任依法就不应追究

24. 下列选项中，违背了权利行使目的的行为有（　　）。

A. 利用公民言论自由权作为打击不同意见、钳制思想自由的手段

B. 利用公民宗教信仰自由宣传邪教和宗教迷信

C. 行使自己权利而损害了国家、集体或他人的利益，超出了国家法律所许可和保障的范围与界限

D. 行使权利而破坏公序良俗

三、简答题

1. 联系实际谈谈为什么说我国社会主义法律是党的主张和人民意志的共同体现。

2. 谈谈习近平法治思想的核心要义。

3. 有人说，宪法规定的大多是一些原则性内容且很抽象，而且司法判决一般也不援引宪法条文，因而宪法是一部与公民生活关系不大、高高在上的"闲法"。谈谈如何看待这一说法。

4. 结合实际谈谈大学生应怎样依法行使权利与履行义务，以及如何提升法治素养。

四、分析题

材料一：宪法是国家的根本法，在依法治国中具有突出地位和首要意义。2014年12月3日，在首个国家宪法日到来之际，习近平总书记作出重要指示，他强调，我国宪法是符合国情、符合实际、符合时代发展要求的好宪法，是我们国家和人民经受住各种困难和风险考验，始终沿着中国特色社会主义道路前进的根本法制保证；要坚持党的领导、人民当家作主、依法治国有机统一，坚定不移走中国特色社会主义法治道路，坚决维护宪法法律权威；要以设立国家宪法日为契机，深入开展宪法宣传教育，大力弘扬宪法精神，切实增强宪法意识。

第六章 学习法治思想 提升法治素养

材料二：深入开展宪法宣传教育，大力弘扬宪法精神，目的是牢固树立宪法法律权威，推动全面贯彻实施宪法。宪法是保证党和国家兴旺发达、长治久安的根本法。牢固树立宪法法律权威，推动全面贯彻实施宪法，是新形势下全面推进依法治国的必然要求和重要任务。坚持党的领导、人民当家作主、依法治国有机统一，牢固树立宪法法律权威，把全面贯彻实施宪法提高到一个新水平。2014年10月28日，在《关于<中共中央关于全面推进依法治国若干重大问题的决定>的说明》中，习近平总书记指出："法治权威能不能树立起来，首先要看宪法有没有权威。"

材料三：完善以宪法为核心的中国特色社会主义法律体系，通过完备的法律法规推动宪法实施、加强宪法实施。围绕建设中国特色社会主义法治体系，加强和改进立法工作。一方面，要遵循宪法确立的制度和原则，维护社会主义法治的统一、尊严和权威；另一方面，要通过不断完善法律法规和配套的规范性文件，保证宪法确立的制度和原则得到落实，使每一项立法都符合宪法精神、反映人民意志、得到人民拥护。把各项事业、各项工作纳入法治轨道，建立健全全社会忠于、遵守、维护、运用宪法法律的制度。

阅读上述材料，回答以下问题。

（1）如何理解"法治权威能不能树立起来，首先要看宪法有没有权威"？

（2）如何树立社会主义法治观念？

实践一：模拟法庭

【实践目的】

通过分析和"审理"案件，加深对法律的认识，熟悉法律在现实生活中的运用。

【实践方案】

地点：教室。

参与人：学生、教师。

流程：

（1）教师将全班学生分组，每组8～10人。

（2）各小组搜集热门或经典的案例，对案例进行分析，整理出案例中的法律信息，并准备相关的法律知识。

（3）建立模拟法庭，运用相关法律知识模拟审理案件。

（4）教师对各组的审案情况进行点评。

【实践成果】

熟悉法律在现实生活中的运用。

实践二："情大于法 VS 法大于情"辩论赛

【实践目的】

通过辩论，明确情与法的关系，能够更加深刻地认识法律。

【实践方案】

时间：45分钟。

地点：教室。

参与人：学生、教师。

流程：

（1）教师从全班学生中选出一名主持人和一名计时员，然后将剩余学生分为两大组，并为各组选出一名组长。

（2）每组选出4名辩手参加辩论，其余同学参与搜集资料，并为辩论赛献计献策。

（3）辩论赛开始后，主持人介绍参赛队、队员及其所持观点，讲解比赛规则。活动中，计时员负责控制每位辩手的发言时间。

（4）两组辩手按照规则在规定时间内进行辩论，其余同学做好活动记录。

（5）教师宣布辩论赛结果，并对此次活动进行点评。

【实践成果】

形成活动记录；对法律知识有更深刻的认识。

实践三：法律知识宣传活动

【实践目的】

通过宣传法律知识，增强学法守法的积极性和主动性。

【实践方案】

参与人：学生、教师。

流程：

（1）选择离学校较近的居民社区，在居委会的配合下，为社区居民举办一次法律知识宣传讲座。

（2）教师提前确定好时间和地点，并准备好讲座所需的设备、物品等。

（3）学生做好宣传准备工作（包括讲什么、怎么讲）。

（4）学生为居民宣传和讲解法律知识，教师亲自维护现场秩序，并指导学生解决现场出现的问题。

（5）教师安排两名学生为此次宣传活动做记录。

【实践成果】

形成一套宣传资料；有效地增强了学法守法的积极性和主动性。

《思想道德与法治》学习与实践指导

一、精选阅读

依法治国是党领导人民治理国家的基本方式

法律是治国之重器，法治是治国理政的基本方式。面对新时代党和国家事业发展新要求，中国共产党把全面依法治国纳入"四个全面"战略布局统筹推进。党的十九大提出依法治国是党领导人民治理国家的基本方式，赋予依法治国在治国理政中的基础性、战略性地位。

依法治国是坚持和发展中国特色社会主义的本质要求和重要保障。坚持和发展中国特色社会主义，是物质文明、政治文明、精神文明、社会文明、生态文明共同推进的过程，法治水平的提升既是题中应有之义，又是贯穿其中的基本支撑。改革开放以来，中国共产党将法治建设融入中国特色社会主义理论与实践，成为现代化建设的重要内容。在中国特色社会主义新时代，法治在党和国家工作全局中的地位更加重大、作用更加突出。无论是发展社会主义市场经济、发展社会主义民主政治、建设社会主义先进文化、构建社会主义和谐社会、建设社会主义生态文明，还是妥善应对各类复杂矛盾和严峻风险挑战，都更加需要发挥法治的引领和规范作用，更加需要运用法治思维和法治方式开展工作。可以说，依法治国的成效直接影响新时代中国特色社会主义的进程，只有充分发挥依法治国的重要作用，才能确保"两个一百年"奋斗目标顺利实现，不断开拓中国特色社会主义光明前景。

依法治国是实现国家治理体系和治理能力现代化的必然要求。法治是规则之治、制度之治。在现代社会，法治化是衡量国家治理体系和治理能力现代化水平的主要标准，同时也是实现国家治理体系和治理能力现代化的必然要求。2014年10月23日，习近平同志在党的十八届四中全会第二次全体会议上指出："法治和人治问题是人类政治文明史上的一个基本问题，也是各国在实现现代

第六章　学习法治思想　提升法治素养

化过程中必须面对和解决的一个重大问题。综观世界近现代史，凡是顺利实现现代化的国家，没有一个不是较好解决了法治和人治问题的。"面对现代国家纷繁复杂的治理任务，保障政治经济社会各方面的有效运行，必须有章可循、有法可依，必须运用法治思维和法治方式。党的十八届三中全会围绕推进国家治理体系和治理能力现代化，明确提出维护宪法法律权威、深化行政执法体制改革、确保依法独立行使审判权和检察权、健全司法权力运行机制及完善人权司法保障制度等重要任务，加快推进法治中国建设步伐。推进全面依法治国，对于推进国家治理体系和治理能力现代化，进而推进整个社会主义现代化，具有至关重要的意义。

依法治国是实现国家长治久安与人民幸福安康的根本保障。历史和现实告诫我们，实现国家长治久安和人民幸福安康，必须依靠法治。中国是一个人口众多、地域辽阔、民族众多、国情复杂的大国，中国共产党在这样的大国执政，要保证国家长治久安和人民过上幸福安康的生活，并非一件易事。只有把党和国家工作纳入法治化轨道，坚持在法治轨道上统筹社会力量、平衡社会利益、调节社会关系、规范社会行为，才能使我国社会在深刻变革中既生机勃勃又井然有序，实现经济发展、政治清明、文化昌盛、社会公正、生态良好，实现我国社会主义现代化建设的战略目标。同样，只有坚持依法治国，才能保证人民依法享有广泛的权利和自由，才能依法保障人民平等参与、平等发展权利，才能依法惩治损害人民利益的犯罪行为，才能维护社会公平正义，才能实现好、维护好、发展好最广大人民根本利益。

（资料来源：人民网，有改动）

阅读感言

《思想道德与法治》学习与实践指导

深刻认识习近平法治思想的重大意义

习近平法治思想是马克思主义法治理论中国化最新成果，是全面依法治国的根本遵循和行动指南，具有重大理论意义和现实意义。党的十八大以来，全面依法治国实践取得重大进展，习近平法治思想在推动更高水平良法善治的时代进程中彰显实践品格、展现实践伟力。

2020年11月召开的中央全面依法治国工作会议，最重大的成果是确立了习近平法治思想，明确了习近平法治思想在全面依法治国工作中的指导地位。习近平法治思想内涵丰富，论述深刻，逻辑严密，系统完备，为全面依法治国提供了根本遵循和行动指南。我们要认真学习领会习近平法治思想，吃透基本精神，把握核心要义，明确工作要求，切实把习近平法治思想贯彻落实到全面依法治国全过程，更好地转化为全面建设社会主义法治国家的生动实践。

坚定探索适合自身的法治道路

人类社会发展的实践证明，依法治理是最可靠、最稳定的治理。人类制度文明演进的历史，证明了"法令行则国治，法令弛则国乱"的深刻道理。中华人民共和国成立以来，特别是改革开放以来，在推进社会主义现代化建设的历史进程中，我们党越来越深刻地认识到法治在国家治理中的重要作用，越来越深刻地认识到法治对于坚持和发展中国特色社会主义、推进社会主义现代化建设的重大意义，进而明确提出依法治国、建设社会主义法治国家的目标。

道路问题至关重要。沿着什么样的法治道路前进，直接关系到社会主义法治建设的成败。世界上没有放之四海而皆准的法治模式。脱离本国实际照抄照搬别国的法治模式，会对经济社会发展产生消极作用。实践中，有的国家就是因为简单照抄照搬别国的法治模式，结果不但没有实现善治，反而增加了社会不稳定因素。法治是现代国家治理的基本特征和根本保障，任何一个国家进行法治建设，都必须探索适合自己的法治道路。

习近平法治思想在新时代波澜壮阔的治国理政实践中应运而生，并在坚持和完善中国特色社会主义制度、推进国家治理体系和治理能力现代化进程中不断创新发展，日益成熟完备。以习近平同志为核心的党中央深刻总结中华人民共和国成立以来的社会主义法治建设经验，明确提出了全面依法治国要走什么道路的问题。2014年10月23日，习近平总书记在党的十八届四中全会第二次全体会议上强调，"全面推进依法治国，必须走对路。如果路走错了，南辕北辙了，那再提什么要求和举措也都没有意义了"，"中国特色社会主义法治道路是一个管总的东西。具体讲我国法治建设的成就，大大小小可以列举出十几条、几十条，但归结起来就是开辟了中国特色社会主义法治道路这一条"。2014年10月28日，习近平总书记在《关于<中共中央关于全面推进依法治国若干重大问题的决定>的说明》中指出，"中国特色社会主义法治道路，是社会主义法治建设成就和经验的集中体现，是建设社会主义法治国家的唯一正确道路"。

习近平法治思想从历史和现实相贯通、国际和国内相关联、理论和实际相结合上深刻回答了新时代为什么要实行全面依法治国、怎样实行全面依法治国等一系列重大问题，强调从我国革命、建设、改革的实践中探索适合自己的法治道路，提出全面依法治国的基本框架和总体布局，阐明中国特色社会主义法治体系的科学内涵，强调坚定不移走中国特色社会主义法治道路。在走什么样的法治道路问题上，我们必须旗帜鲜明、正本清源，不断增强探索适合自身法治道路的自信和决心。

顺应实现中华民族伟大复兴时代要求的重大理论创新成果

2013年3月17日，习近平总书记在第十二届全国人民代表大会一次会议上指出："实现中华民族伟大复兴的中国梦，就是要实现国家富强、民族振兴、人民幸福。"实现中华民族伟大复兴的中国梦，全面依法治国是重要保障。进入新时代，改革发展稳定任务之重前所未有，矛盾风险挑战之多前所未有，人民群众对法治的期待和要求之高前所未有。只有以科学的理论指导全面依法治国实践，我们才能在全面建设社会主义现代化国家的新征程上更好地发挥法治固根本、稳预期、利长远的保障作用。习近平法治思想在党的十八大以来我们党领导人民进行伟大斗争、建设伟大工程、推进伟大事业、实现伟大梦想的实践中形成和丰富发展，顺应实现中华民族伟大复兴时代要求，蕴含着伟大的真理力量。

以习近平同志为核心的党中央胸怀中华民族伟大复兴战略全局和世界百年未有之大变局，站在实现党和国家长治久安的战略高度，统筹考虑国际国内形势、法治建设进程和人民群众法治需求，科学地回答如何在法治轨道上推进国家治理体系和治理能力现代化、使全面依法治国与推进国家治理体系和治理能力现代化的要求相协同，如何依法应对重大挑战、抵御重大风险、克服重大阻力、解决重大矛盾，不断满足人民群众对法治的更高期待等重大问题。

习近平法治思想明确法治是国家治理体系和治理能力的重要依托。只有全面依法治国，才能有效保障国家治理体系的系统性、规范性、协调性，才能最大限度凝聚社会共识。全面依法治国是一个系统工程，要整体谋划，更加注重系统性、整体性、协同性。习近平法治思想提出强化法治思维，运用法治方式，有效应对挑战、防范风险，综合利用立法、执法、司法等手段开展斗争；强调不断提高运用法治思维和法治方式深化改革、推动发展、化解矛盾、维护稳定、应对风险的能力；明确推进全面依法治国，根本目的是依法保障人民权益。在习近平法治思想引领下，我国法治建设实践积极回应人民群众新要求新期待，系统研究谋划和解决法治领域人民群众反映强烈的突出问题，不断增强人民群众获得感、幸福感、安全感，用法治保障人民安居乐业，法治中国建设不断开辟新境界，为中华民族伟大复兴提供了有力法治保障。

新时代全面依法治国，需要深刻把握马克思主义法治理论的精髓要义，充分汲取中华民族传统治理智慧，广泛吸纳世界法治文明的优秀成果，深刻总结共产党依法执政规律、社会主义法治建设规律、人类社会法治文明发展规律。习近平法治思想满足新时代全面依法治国的理论需求，是马克思主义法治理论中国化最新成果，是全面依法治国的根本遵循和行动指南。

引领社会主义法治建设的生动实践

成功的实践离不开科学理论的正确指引。推进全面依法治国，是国家治理的一场深刻变革，更要以科学理论为指导。党的十八大以来，以习近平同志为核心的党中央以前所未有的决心、举措和力度推进全面依法治国，全面系统研究解决全面依法治国重大事项、重大问题，协调推进中国特色社会主义法治体系和社会主义法治国家建设。在这一实践过程中，习近平总书记创造性地提出关于全面依法治国的一系列新理念新思想新战略，形成科学系统的思想体系。习近平法治思想扎根于中国特色社会主义法治实践沃土，在推动更高水平良法善治的时代进程中彰显实践品格，展现实践伟力。

党的十八大以来，面对正在发生深刻复杂变化的内部条件和外部环境，习近平法治思想成功指引我国社会主义法治建设发生历史性变革、取得历史性成就，全

第六章　学习法治思想　提升法治素养

面依法治国实践取得重大进展。从推动"放管服"改革，用权力清单和责任清单明确政府权力边界，到制定监察法，确保监察体制改革在法治轨道上稳步推进；从营造风清气正的法治化营商环境，到为"一带一路"建设等提供坚实法治保障；从不断扎紧依规治党的制度笼子，到推动社会主义核心价值观融入法治建设，全面依法治国实践不断丰富，"中国之治"的法治基石更加巩固。

习近平法治思想用"十一个坚持"系统阐述了新时代推进全面依法治国的重要思想和战略部署，即坚持党对全面依法治国的领导；坚持以人民为中心；坚持中国特色社会主义法治道路；坚持依宪治国、依宪执政；坚持在法治轨道上推进国家治理体系和治理能力现代化；坚持建设中国特色社会主义法治体系；坚持依法治国、依法执政、依法行政共同推进，法治国家、法治政府、法治社会一体建设；坚持全面推进科学立法、严格执法、公正司法、全民守法；坚持统筹推进国内法治和涉外法治；坚持建设德才兼备的高素质法治工作队伍；坚持抓住领导干部这个"关键少数"。"十一个坚持"为新时代推进全面依法治国提供了根本遵循。

习近平法治思想在伟大实践中全面发展，在时代进程中成熟完善，在应对风险挑战中指引法治中国建设开创新局面，也必将引领全面依法治国实践在新发展阶段实现更大发展，不断迈向新的更高境界。

（资料来源：《人民日报》，有改动

弘扬宪法精神，建设法治中国

弘扬宪法精神，推进全面依法治国，更好地发挥法治在国家治理和社会管理中的重要作用，对于全面建设社会主义现代化国家开好局、起好步，具有重大而深远的意义。

《思想道德与法治》学习与实践指导

  党的十八大以来，以习近平同志为核心的党中央大力推进全面依法治国，加快建设社会主义法治国家。在习近平法治思想指导下，以宪法为统帅的中国特色社会主义法律体系不断完善，法治政府建设稳步推进，司法体制改革持续深化，全社会法治观念明显增强，我国法治现代化水平显著提高。党的十九届五中全会对全面依法治国作出新部署，习近平总书记在中央全面依法治国工作会议上发表重要讲话，为新时代法治中国建设指引正确方向、提供行动指南。

  弘扬宪法精神，建设法治中国，要以习近平法治思想为指导，坚定不移走中国特色社会主义法治道路。习近平法治思想源于实践又指导实践，深刻回答了新时代为什么实行全面依法治国、怎样实行全面依法治国等一系列重大问题。这一重大理论创新成果，顺应实现中华民族伟大复兴时代要求，是新时代全面依法治国的根本遵循和行动指南。要认真学习、全面贯彻习近平法治思想，把握核心要义，明确工作要求，扎实做好全面依法治国各项工作，不断开创法治中国建设新局面。

  宪法是国家的根本法，是治国安邦的总章程。全面依法治国，首先要坚持依宪治国、依宪执政。党领导人民制定宪法法律，领导人民实施宪法法律，党自身要在宪法法律范围内活动。要坚持宪法确定的中国共产党领导地位不动摇，坚持宪法确定的人民民主专政的国体和人民代表大会制度的政体不动摇，切实推进合宪性审查工作，进一步健全保证宪法全面实施的体制机制，把维护宪法法律权威落到实处，更好体现坚持党的领导、人民当家作主、依法治国有机统一。

  宪法的生命在于实施，宪法的权威也在于实施。弘扬宪法精神，建设法治中国，要加强宪法实施和监督，牢固树立法治公信力。"徒法不能以自行"，能不能做到依法治国，关键在于党能不能坚持依宪治国，各级政府能不能依法行政。要聚焦落实宪法解释程序机制、加强备案审查制度和能力建设等关键环节，进一步抓紧抓实、抓出成效。要把权力关进制度的笼子里，健全法律面前人人平等保障机制，推动转变政府职能，提高依法行政水平，做到有法必依、违法必究、执法必严，有效保障人民群众合法权益，有力维护宪法法律尊严。

  "法律必须被信仰，否则形同虚设。"弘扬宪法精神，建设法治中国，要筑牢司法公正底线，在实践中不断增强全民法治观念。公平正义是司法的灵魂和生命。依法公正对待人民群众的诉求，努力让人民群众在每一个司法案件中都能感受到公平正义，才能让广大人民群众充分相信法律、自觉运用法律。各级领导干部和公职人员带头依法办事，加大宪法宣传教育和普法力度，在全社会形成尊崇宪法、学习宪法、遵守宪法、维护宪法、运用宪法的良好氛围，必将为奋进新征程汇聚起强大法治力量。

（资料来源：新华网，有改动）

阅读感言

造谣诋毁英烈，无知不等于无罪

"一个有希望的民族不能没有英雄，一个有前途的国家不能没有先锋。"英雄烈士的名誉事关一个国家、社会和民族的价值追求，不容任何人肆意抹黑。2021年3月，北京市公安局海淀分局发布消息称，有群众向警方举报，新浪微博某用户曾于2020年6月23日在他人微博评论区发表造谣诋毁英雄烈士的言论，造成恶劣社会影响。经警方调查核实，该微博用户潘某（男，30岁）于2020年2月2日离京出境后，一直在境外。2021年3月，海淀公安分局已依法对潘某刑事拘留，并对其开展追逃。

互联网是有记忆的。从网民"辣笔小球"诋毁戍边官兵，到网民"作业本"侮辱邱少云，再到"暴走漫画"对叶挺烈士所作的《囚歌》进行恶意篡改……一些历史虚无主义者在网络空间抹黑英雄、颠倒黑白，他们在发表侮辱诋毁英烈的言论之后，等待他们的是法律的严惩不贷。一个判决的警示意味，强于无数次说教。司法机关以法律之名坚决捍卫英烈，向公众传递出强烈的信号：保护英烈绝不会仅仅停留在纸面上。在公安机关公布了对潘某开展追逃的消息之后，就有网友留言："天涯海角法网恢恢，信口雌黄终有一报！"这条代表了广大网友心声的话语，瞬间得到无数的"转评赞"。

天地英雄气，千秋尚凛然。永存于民族殿堂之上的英烈，是中华民族的脊梁，他们的事迹和精神都是激励人们前行的强大力量。个别所谓的"大V"通过社交媒体混淆是非，把英烈作为恶搞和戏说的对象，在网络上制造争议，以此来收割流量和利益。这种为了蹭热度而不计后果的行为，不仅是对历史事实的无知解读，更是对法律规定的无知越界，其后果是严重伤害了社会公众的民族感情。这些人自称是"意见领袖"，实则是跳梁小丑，司法机关依法对他们进行制裁，是及时回应社会关切的积极作为，更让"英雄不可辱"这一理念深入人心。

2021年3月1日施行的《中华人民共和国刑法修正案（十一）》明确规定了侵害英雄烈士名誉、荣誉罪。互联网上的一些人妄图用英烈来做炒作的噱头，然而玩火最终只能"自焚"。"我能拿着手机坐在家里面发这样的微博，这样的一个和平的环境，都是我们的戍边战士用他们的生命、他们的鲜血换来的"，这段由网民"辣笔小球"出镜忏悔的话曾登上《新闻联播》。南京检察机关依法以涉嫌侵害英雄烈士名誉、荣誉罪，对"辣笔小球"微博主仇某批准逮捕，同时决定开展公益诉讼调查工作。以此为标杆，以后但凡还有人敢造谣诋毁英烈，其结果不会比"辣笔小球"之流好出一丝一毫。

造谣诋毁英烈，无知不等于无罪，任何言语都对应着一定的后果。从《中华人民共和国英烈保护法》到《中华人民共和国刑法修正案（十一）》，相关法律已经长出锋利的牙齿，让人们心有所畏、行有所止。当法律划清红线时，还需要教育润物无声。2021年春季开学，全国多地中小学进行了特殊的开学第一课，用各种形式为孩子们讲述了喀喇昆仑戍边将士们"清澈的爱只为中国"的故事。当孩子们郑重地向英烈画像献花敬礼，稚嫩的声音一遍遍诵念英雄的名字时，我们从中看到的是一种血脉的赓续，更是一种精神的传承。

（资料来源：中国青年网，有改动）

阅读感言

第六章　学习法治思想　提升法治素养

"劝阻吸烟猝死案"改判　让司法为正义撑腰

2018年1月23日，备受各界关注的"电梯劝阻吸烟猝死案"在郑州市中级人民法院二审公开宣判。法院不但驳回了原告方的全部诉讼请求，还在被告人没有上诉的情况下，撤销了一审中要求被告人补偿1.5万元的判决，被告人无须承担任何赔偿责任。

这个判决结果一经公开，立刻获得舆论的普遍赞扬。很多人认为，这个判决结果弘扬了正气，回击了极端利己者的蛮横逻辑，对引导社会公平正义具有风向标式的意义。

老人在电梯中吸烟，同处一梯的医生杨先生上前劝阻，这是公民基本的权利和义务，法律怎么可以让劝阻吸烟者付出代价呢？尽管吸烟的老人此后不久猝死，但令人同情的结果，并不能成为混淆对错的原因。

吸烟有害健康，这已成为妇孺皆知的常识。关于论述吸烟危害的书籍或者其他信息，可谓是汗牛充栋，且早已被写入教科书，每个现代社会的成员或多或少都接触过，在此无须赘述。

如果说在相关的规章制度建立起来之前，一个人在公共场合吸烟还可以归为个人习惯问题，那么，在公共场所禁止吸烟的规定进入我国各地的"控制吸烟条例"之中以后，个人公然在电梯这种封闭的公共场所吸烟，就是对社会道德和政府规章赤裸裸的挑战。对于这样的行为，理应义正词严地劝阻，实在不应该留有退让的余地。

2014年，国家卫生和计划生育委员会（现国家卫生健康委员会）向国务院上报的《公共场所控制吸烟条例（送审稿）》中，也明确指出要引导公民主动不吸烟、劝阻他人吸烟、拒绝吸二手烟的控烟理念。各地政府也纷纷升级"控制吸烟条例"。也就是说，在公共场合拒绝吸二手烟本身就是一个人的基本健康权益，吸烟者没有任何不接受的理由。

要扎实地做好控烟工作，还必须依靠那些敢于在公共场合对吸烟者大声说"不"的个人。这是因为吸烟是非常个人化、随机性的行为，很难留存证据，如果不能现场及时制止，则事后很难进行追罚。面对违规吸烟行为，敢于说"不"，其实是在维护规则的严肃性。这不仅是简单的个人权益之间的争执，还是对制度的维护，同时也体现了公民责任。

如果法律因为违规者自身的行为，让正义一方承担不合理的代价，无疑会对人们心底最朴素的正义感造成沉重的打击。每个不合情理的法院判例，都可能对社会行为造成负面影响。如果以和稀泥的心态，各打几十大板，表面上谁的利益都兼顾了，实际上却是为一些不良诉求开了方便之门，伤害了社会正义。

明明是我伤害了你，可是你还不能批评我，因为这会让我生气，让我的疾病加重，你要承担责任——这样的逻辑一旦成为定式，不仅人们不敢劝阻违规吸烟者，而且其他损害他人利益的行为无法受到正义力量的呵斥。

（资料来源：中国青年网，有改动）

阅读感言

二、推荐阅读

1. 习近平：《加快建设社会主义法治国家》，《求是》，2015年。
2. 习近平：《论坚持全面依法治国》，中央文献出版社，2020年。
3. 中共中央宣传部、中央全面依法治国委员会办公室：《习近平法治思想学习纲要》，人民出版社、学习出版社，2021年。
4. 刘平：《法治与法治思维》，上海人民出版社，2013年。
5. 张红军：《一本书读懂法律常识》，中华工商联合出版社，2015年。
6. 徐宪江，平云旺：《法律权利全知道》，中国法制出版社，2015年。

三、至理名言

法者，天下之程式也，万事之仪表也。

——《管子》

国无常强，无常弱；奉法者强，则国强；奉法者弱，则国弱。

——《韩非子》

第六章　学习法治思想　提升法治素养

以至详之法晓天下，使天下明知其所避。

——苏轼

法律就是秩序，有良好的法律才有好的秩序。

——［古希腊］亚里士多德

法律是一切人类智慧聪明的结晶，包括一切社会思想和道德。

——［古希腊］柏拉图

徒法不足以自行，徒善不足以为政。

——《孟子》

法行于贱而屈于贵，天下将不服。

——苏辙

立国于大地，不可无法也。立国于20世纪文明竞进之秋，尤不可以无法，所以障人权，亦所以过邪僻，法治国之善者，可以绝寇贼、息讼争。

——孙中山

要使事物合乎正义（公平），须有毫无偏私的权衡；法律恰恰正是这样一个中道的权衡。

——［古希腊］亚里士多德

法律绝非一成不变的，相反地，正如天空和海洋因风浪而起变化一样，法律也因情况和时运而变化。

——［德］黑格尔

立法以典民则祥，离法而治则不祥。

——《管子》

以法律保障人民权利，以法治范围全国。

——黎元洪

一个法律制度之实效的首要保障必须是它能为社会所接受，而强制性的制裁只能作为次要的和辅助性的保障。

——［古希腊］亚里士多德

没有无义务的权利，也没有无权利的义务。

——［德］马克思

参考文献

[1] 许静波．思想道德与法治学习指导［M］．北京：中国农业出版社，2022．

[2] 李佳先，彭国平，赵燕．思想道德与法治教学设计与学习指导[M]．武汉：华中科技大学出版社，2022．

[3] 赵杰宏．思想道德与法治学习辅导与同步练习[M]．苏州：苏州大学出版社，2022．

[4] 肖建国，胡晶．思想道德与法治课程教学优化与拓展[M]．镇江：江苏大学出版社，2022．

[5] 杨志军．思想政治理论课学习辅导与实践教学指导[M]．北京：中国人民大学出版社，2015．